·河北省科技计划项目“经济发展新常态下农村一二三产业融合发展驱动机制研究”（16457532）
·石家庄市社科专家培养资助项目“供给侧改革背景下产业精准扶贫对策研究”（2016zjpy11）
·石家庄学院博士科研启动基金项目“河北农村居民消费需求研究”（16BS008）

中国西部农村居民消费结构变动研究

宗成华　张新爱　刘　慧　著

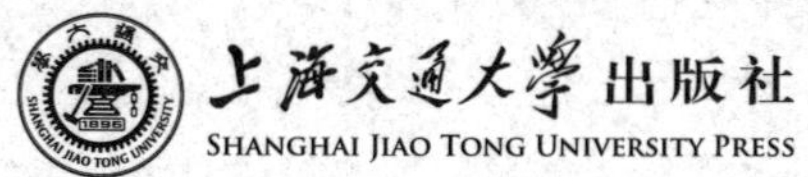

内容提要

本书属于农业经济理论与政策方面的著作，由导言、西部农村居民消费结构纵向比较、西部农村居民消费结构横向比较、西部农村居民消费结构影响因素、西部农村居民消费调查、西部农村居民时间消费及影响因素、主要结论与对策建议组成。全书以中国西部农村居民消费结构变动情况为研究对象，分析收入、家庭微观结构、公共基础设施建设、消费市场建设、养老保险和医疗保险等社会保障制度等因素对西部农村居民八类消费支出水平的影响显著程度和影响的方向和大小，并提出对策建议。

本书可供专业研究人员、高校师生等科研爱好者参考借鉴。

图书在版编目(CIP)数据

中国西部农村居民消费结构变动研究 / 宗成华，张新爱，刘慧著 . -- 上海 : 上海交通大学出版社，2018

ISBN 978-7-313-19816-7

Ⅰ . ①中… Ⅱ . ①宗… ②张… ③刘… Ⅲ . ①农村－居民消费－消费结构－研究－西北地区②农村－居民消费－消费结构－研究－西南地区 Ⅳ . ① F126.1

中国版本图书馆 CIP 数据核字 (2018) 第 169051 号

中国西部农村居民消费结构变动研究

著　　者：宗成华　张新爱　刘　慧

出版发行：上海交通大学出版社　　地　　址：上海市番禺路 951 号

邮政编码：200030　　电　　话：021-64071208

出 版 人：谈　毅

印　　制：三河市华晨印务有限公司　　经　　销：全国新华书店

开　　本：710×1000mm　1/16　　印　　张：13.5

字　　数：198 千字

版　　次：2019 年 3 月第 1 版　　印　　次：2019 年 3 月第 1 次印刷

书　　号：ISBN 978-7-313-19816-7/F

定　　价：48.00 元

前　言

中国的经济建设取得了巨大成就，但是，从投资、消费和出口这三驾马车对经济发展的贡献来看，中国的最终消费率和世界水平相比明显偏低。为了保证中国经济的平衡增长，应该大力促进内需，提升最终消费水平，使社会经济走上良性发展的道路。

与其他地区相比，中国西部农村地区的消费支出潜力远未被开发出来，边际消费倾向处于较高水平。以西部农村居民的消费结构为对象进行研究，对中国最终消费率的进一步提高和经济的均衡、协调发展具有重要的现实意义。

中国西部农村居民消费支出发展势头良好，但是，与经济发达区域居民相比，西部农村居民的消费水平依然较低，消费结构构成比例均衡层次不高。西部农村居民的消费意愿和消费方式偏于保守，人均纯收入、文化程度偏低，劳动力人均人口负担偏重。

收入对消费支出有显著正向影响，同时也受到其他影响因素的约束。家庭微观结构，互联网等公共基础设施建设，养老保险和医疗保险等社会保障制度对西部农村居民的消费支出都有不同程度的影响。

要改善西部农村居民的消费现状，应该进一步提高农业生产收益及生产效率；增加工资性收入；发展农村金融，为消费贷款提供便利条件；制定并实施多层次的教育促进政策；加强交通通信基础设施的建设；进一步规范管理消费市场；制定倾斜性的社会保障制度。

本书是作者读博期间的原创成果，经过多轮专家评审，在导师马晓河先生的悉心指导下，写作数易其稿，但限于作者水平，最终成果的呈现与目标尚有很大差距，恳请各位读者朋友不吝赐教，提出批评意见。

非常感谢马晓河先生为本书作序！

张新爱、刘慧两位老师主要负责前期数据采集与后期数据梳理分析工作。

序

改革开放以来，中国取得了举世瞩目的发展成就，尤其是2010年之后，国内生产总值跃居世界第二位。随着改革开放的深入推进，中国的经济形势也发生了深刻变化，新常态下经济发展的驱动力在转变，供给侧结构性改革产生的红利在发挥作用。但是，无论经济形势如何发展变化，有一个环节始终是绕不开的，即需求侧的消费环节。

对于居民消费，国内外学者多有研究，也取得了丰硕的研究成果。我的学生宗成华经过初步研究发现，与其他区域的居民相比，中国西部农村居民有更为深广的消费增长空间，对国内最终消费率的提高有重大的促进作用。因此，他以中国西部农村居民消费结构为研究对象，通过纵向与横向对比，以食品、衣着、居住、家庭设备和用品、交通通讯、医疗保健和其他等八类消费支出发展变化的详细数据，总结归纳出中国西部农村居民的消费支出特点，准确界定其消费支出水平和消费结构的构成层级。同时，依据经典消费理论和各类实证数据，深入分析了消费结构的其他影响因素，诸如人口负担、教育水平、公共基础设施建设、消费市场建设、养老保险和医疗保险等社会保障制度等因素对西部农村居民消费结构影响的显著程度及影响的方向和大小。

在我看来，也正如书中所言，书中最具有新意的内容，是宗成华对具有不同人口学特征的家庭成员所消费的物品品种和数量进行的细分研究。研究发现，中国西部农村居民家庭成员的消费支出情况与获得劳动报酬的能力相一致。在家庭消费支出分配过程中，男性家庭成员占有优势地位，其中，15~25岁年龄段的男性家庭成员的消费优势地位最明显。消费分配偏重于西部农村家庭中当前和未来的主要劳动力。同时，针对衣着、美容化妆品、洗浴用品、金银珠宝饰品、汽车、摩托车、三轮车、自行车、电脑、手机、电视、影碟机、上学读书、技术培训、书报杂志、纸张文具、药费、诊费、检查费、手术费和滋补营养保健费等各类消费用品与服务，依据年龄、性别等人口学特征，分别指出了它们所对应的消费主体，为消费市场的深度细分提供了有力的实证依据。

另外，值得关注的是，宗成华以各类文教娱乐消费时间为研究对象，从时间消费角度对农村居民的消费支出特征及其影响因素，进行了有益的探索和研究。研究结果表明，西部农村居民的时间消费特征与金额消费特征具有高度一致性，从另一个侧面进一步确认了西部农村居民所处的消费发展阶段。同时，也进一步拓展了消费影响因素的研究广度和深度。

对于书中所涉及到的一些内容，如未来消费热点讨论、新经济形势下消费升级路径以及消费驱动力的发展变化等，作者还可以做出更进一步的分析与探讨。但是，本书依据经典消费理论，以清晰的逻辑和翔实的数据比较充分地论证了中国西部农村居民在消费过程中存在的问题，讨论了各种影响因素的来源及影响机理，观点结论有许多独到之处，对于所有关心居民消费水平提高和消费结构升级的人们，都是一部很有参考价值的著作。

马晓河

2018 年 5 月 4 日

目 录

第1章　导　言

1.1 研究意义

改革开放以来，中国经济得到持续快速的发展。2002–2012 年❶十年间，国内生产总值年均增长 16%❷，经济总量连续跨越新台阶。2012 年，中国国内生产总值达到 52.9 万亿元❸，以当年价格计算，为 2002 年的 4.4 倍。经济总量居世界位次稳步提升。2008 年国内生产总值超过德国，居世界第三位；2010 年超过日本，居世界第二位，成为仅次于美国的世界第二大经济体。与此同时，中国经济结构调整不断迈出新步伐，经济发展的全面性、协调性和可持续性明显增强。

中国经济建设取得的成就是巨大的，但是，从投资、消费和出口这三驾马车对经济发展的贡献来看，中国的最终消费率和世界水平相比明显偏低，并且呈逐年下降趋势（见图 1-1）。

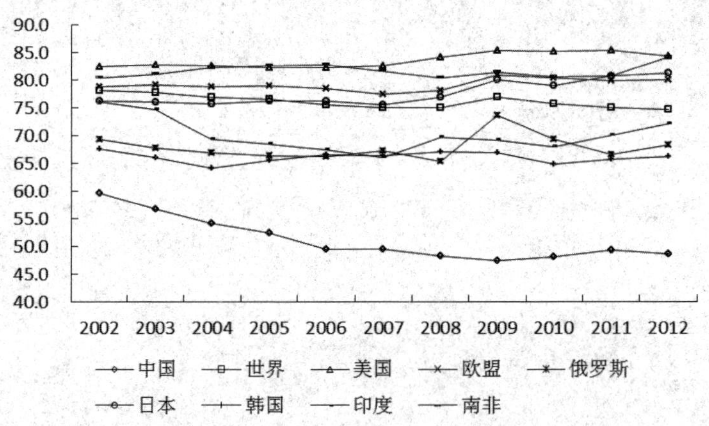

图 1-1　2002–2012 年世界主要国家和地区最终消费率走势❹

资料来源：根据世界银行 WDI 数据整理

❶ 考虑到相关国家最终消费率数据截止到 2012 年，在此暂不比较 2013 年数据。

❷ 以当年价格计算的支出法国内生产总值。数据来源：2013 中国统计年鉴。

❸ 同脚注❶

❹ 考虑到数据可比性，中国最终消费率同样采用世界银行 WDI 数据，与国内统计数据略有出入，但并不影响问题的分析。

从图 1-1 中可以看出，在 2002–2012 年十年间，中国最终消费率逐年走低，并且历年消费率都远低于世界平均水平。与图 1-1 中所示的发达国家和发展中国家相比，中国最终消费率均处于较低水平。就 2012 年而言，中国最终消费率为 48.5%，世界水平为 74.7%，美国为 84.3%，欧盟为 79.9%，俄罗斯为 68.2%，日本为 81.2%，韩国为 66.2%，印度为 72.0%，南非为 84.1%，中国最终消费率比世界平均水平低 26.2 个百分点，比图中最高消费率国家——美国低 35.8 个百分点，比图中最低消费率国家——韩国低 17.7 个百分点。

为了进一步分析中国最终消费率的发展水平，下面将与人均国民收入[1]处于相同级别的印度、韩国和南非三个国家的最终消费率进行比较。鉴于数据的可得性和可比性，将在不同收入阶段比较中国与印度、韩国和南非三个国家的最终消费率。

1982–2001 年，中国的人均国民收入从 245.09 美元增加到 1189.27 美元；1966–2013 年印度的人均国民收入从 237.12 美元增加到 1151.57 美元。可以看出，在上述两个时间段，中国和印度的人均国民收入处于同一个级别，中国甚至稍微高于印度。分别比较两个时间段中国和印度的最终消费率，中国最终消费率的最大值和最小值分别为 65.75% 和 56.46%，印度最终消费率的最大值和最小值分别为 86.65% 和 65.98%，中国最终消费率的最大值和最小值比印度分别低 20.90 和 9.52 个百分点，即使是中国最终消费率的最大值也比印度最终消费率的最小值低 0.23 个百分点。

2002–2010 年，中国的人均国民收入从 1294.03 美元增加到 2858.24 美元；1965–1975 年韩国的人均国民收入从 1283.22 美元增加到 2823.97 美元。在上述两个时间段，中国和韩国的人均国民收入处于相同水平，中国甚至稍微高于韩国。对两个时间段中国和韩国的最终消费率进行比较可以发现，中国最终消费率的最大值和最小值分别为 59.56% 和 47.35%，韩国最终消费率的最大值和最小值分别为 91.98% 和 78.87%，中国最终消费率的最大值和最小值比韩国分别低 32.42 和 31.52 个百分点，即使是中国最终消费率的最大值也比韩国最终消费率的最小值低 19.31 个百分点。

2011–2013 年，中国的人均国民收入超过 3000 美元，从 3093.51 美元增

[1] 各个国家的人均国民收入货币单位均为以 2005 年为基年计算的不变价格美元。

加到3567.19美元。1960–1963年南非的人均国民收入从3249.33美元增加到3575.55美元。在该同等收入水平下比较中国和南非的最终消费率，可以发现，中国最终消费率的最大值和最小值分别为49.25%和48.15%，南非最终消费率的最大值和最小值分别为74.19%和72.59%。同级别收入条件下，中国最终消费率的最大值和最小值比南非分别低24.94和24.44个百分点，即使是中国最终消费率的最大值也比南非最终消费率的最小值低23.34个百分点。

在人均国民收入水平相同的情况下，中国与印度、韩国和南非最终消费率的大小比较可从图1-2中直观看出。

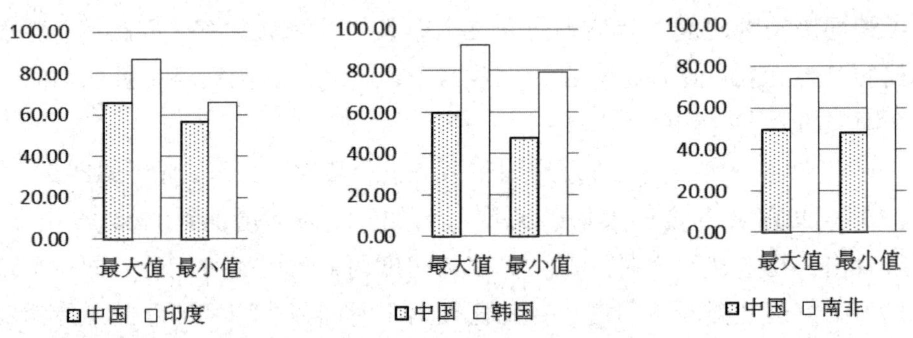

图1–2 同等收入水平下中国与其他国家最终消费率比较

通过上述比较分析可以得知，无论是与同期世界主要相关国家和地区相比，还是与人均国民收入处于同等级别条件下的国家相比，中国的最终消费率都处于偏低水平，中国最终消费支出对于国内经济发展的拉动作用远没有得到充分发挥，仍然有比较大的提升空间。到2013年为止，中国的经济增长依然有很大一部分源于投资和净出口的拉动❶。为了保证中国经济的持续、平衡增长，应该大力促进内需，提升最终消费水平，使社会经济走上良性发展的道路。

一个国家的最终消费支出包括居民消费支出和政府消费支出，居民消费支出则由农村居民消费支出和城镇居民消费支出构成。下面将对中国最终消费各项构成因素的占比进行分析，对比2002–2012年十年间最终消费率与各

❶ 根据世界银行WDI数据，中国2013年最终消费率为48.2%。在图1-1中要保持数据可比性，有关国家2013年数据缺失，因此没有列出该年数据。

项消费占比的变化趋势，探讨各项最终消费和最终消费率之间的关系。

从图1-3可以看出，中国最终消费率在2002–2012年十年间总体呈下降趋势，与上述世界银行WDI数据变化趋势一致。同时可以发现，在最终消费支出中，居民消费支出占比呈下降趋势，而政府消费支出占比呈上升趋势；在居民消费支出中，农村居民消费支出呈下降趋势，而城镇居民消费支出占比呈上升趋势。由此推断，对最终消费率提升影响最强的是居民消费支出中的农村居民消费支出。相对于居民，政府消费资金比较充裕，相对于农村居民，城镇居民消费资金比较充裕。根据凯恩斯的边际消费倾向递减规律推断，在收入水平变化幅度相同的条件下，政府消费支出对最终消费率的影响作用要弱于居民消费支出，城镇居民消费支出对最终消费率的影响作用要弱于农村居民消费支出。因此，若要提高中国的最终消费率，应该重视农村居民消费支出对最终消费支出的拉动作用。

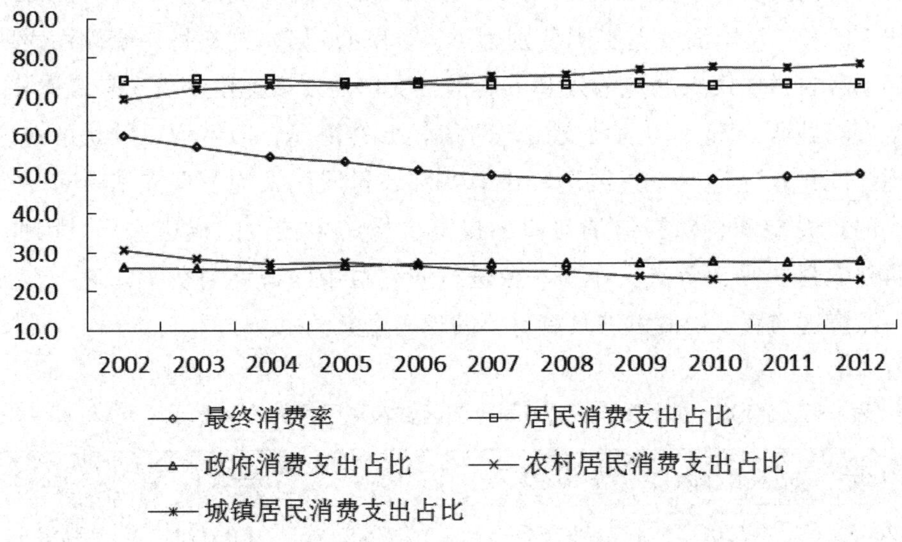

图1-3 2002–2012年中国最终消费率与各项消费支出占比变化趋势[1]

资料来源：根据2013中国统计年鉴整理

[1] 图1–3中的最终消费率为最终消费支出占支出法国内生产总值的比重，居民消费支出占比为居民消费支出占最终消费支出的比重，政府消费支出占比为政府消费支出占最终消费支出的比重，农村居民消费支出占比为农村居民消费支出占居民消费支出的比重，城镇居民消费支出占比为城镇居民消费支出占居民消费支出的比重。

为了进一步认识农村居民消费支出潜力，下面对中国四大经济区域❶和全国农村居民的收入水平和消费水平分别进行对比分析。

从表 1-1 和表 1-2 中可以看出，在中国四大经济区域中，西部地区农村居民的人均纯收入和人均消费支出历年均低于全国平均水平且在四大经济区域中处于最低水平，这意味着西部地区农村的消费支出潜力还远未被开发出来，边际消费倾向处于较高水平。同时发现，在 2005 年至 2012 年七年中，人均纯收入年增长率除了东北地区为 14.7% 高于西部地区之外，西部地区农村居民人均纯收入的年增长率均高于中部、东部地区和全国平均水平，为 14.2%，人均纯消费支出也有类似现象，说明西部地区农村居民人均纯收入和人均消费支出绝对值虽然处于最低水平，但增长速度却比较快，发展势头良好，显示出后发优势。比较 2005 年和 2012 年西部地区农村居民人均纯收入与全国最高水平东部地区的农村居民人均纯收入可以发现，2005 年，东部地区是西部地区的 2.0 倍，2012 年东部地区则下降为西部地区的 1.8 倍，人均消费支出则分别为 1.7 倍和 1.6 倍，这从另一个侧面表明西部地区农村居民人均纯收入和人均消费支出的发展速度都处于较高水平。基于人均纯收入和人均消费支出绝对值较低的情况，两者均以较快的速度得到提高，在这样一个发展进程中，西部农村居民人均消费支出将有一个较大的提升空间，对最终消费率的提高也将产生较大的促进作用。因此，把西部农村居民消费支出作为对象进行研究对中国最终消费率的进一步提高和经济的均衡、协调发展具有重要的现实意义。

表1-1　2005-2012❷年中国不同经济区域农村居民纯收入水平（元/人）

年份	东部地区	中部地区	西部地区	东北地区	全国
2005	4720.3	2956.6	2378.9	3379.0	3254.9

❶ 四大经济区域：东部地区，包括北京、天津、河北、上海、江苏、浙江、福建、山东、广东、海南 10 个省市；中部地区，包括山西、安徽、江西、河南、湖北、湖南 6 个省；西部地区，包括内蒙古、广西、重庆、四川、贵州、云南、西藏、陕西、甘肃、青海、宁夏、新疆 12 个省（自治区、市）；东北地区，包括辽宁、吉林、黑龙江 3 个省。

❷ 统计年鉴中不同经济区域的相关数据统计从 2005 年开始至 2012 年截止，鉴于数据的可得性，选取 2005-2012 年数据进行对比。

（续 表）

年份	东部地区	中部地区	西部地区	东北地区	全国
2006	5188.2	3283.2	2588.4	3744.9	3587.0
2007	5855.0	3844.4	3028.4	4348.3	4140.4
2008	6598.2	4453.4	3517.7	5101.2	4760.6
2009	7155.5	4792.8	3816.5	5456.6	5153.2
2010	8142.8	5509.6	4417.9	6434.5	5919.0
2011	9585.0	6529.9	5246.7	7790.6	6977.3
2012	10817.5	7435.2	6026.6	8846.5	7916.6
年增长率	12.6%	14.1%	14.2%	14.7%	13.5%

资料来源： 2013中国住户调查年鉴

表1-2 2005-2012年中国不同经济区域农村居民消费支出水平（元/人）

年份	东部地区	中部地区	西部地区	东北地区	全国
2005	3409.0	2276.9	2022.9	2557.3	2555.4
2006	3806.2	2559.9	2192.1	2781.1	2829.0
2007	4281.0	2937.5	2526.9	3180.3	3223.9
2008	4802.1	3375.6	2867.1	3720.3	3660.7
2009	5148.6	3622.0	3238.7	4148.3	3993.5
2010	5735.4	3957.4	3537.5	4352.1	4381.8
2011	6856.3	4786.0	4187.9	5348.6	5221.1
2012	7683.0	5469.0	4798.4	5941.2	5908.0
年增长率	12.3%	13.3%	13.1%	12.8%	12.7%

资料来源： 2013中国住户调查年鉴

消费水平的高低具体体现在消费结构之中，为了更深入地研究西部农村居民的消费支出情况，选定西部农村居民消费结构作为主要研究对象，进一步阐述本文的研究意义如下。

（1）充分挖掘西部农村居民的消费潜力，提高经济欠发达地区消费水平，促进中国最终消费率的整体提升，为中国经济的持续发展提供充足的内生动力。内需不足很长时间以来都影响着中国经济的均衡发展，在城镇居民消费潜力得到相对充分的情况下，研究农村居民尤其是西部农村居民的消费特点、发展趋势以及影响因素，对西部农村居民的消费潜力进行有效开发，最大限度地释放他们的消费潜能，将使中国的整体消费能力得到较大提高，使中国经济的发展更协调、更均衡、更具有持续性。

（2）进一步优化西部农村居民的消费结构，提高西部农村居民的消费水平；有利于缩小城乡居民，东部、中部、东北地区和西部等不同经济区域农村居民消费差距，促进我国城乡二元社会经济发达地区和欠发达地区的不断融合与协调发展。以西部农村居民消费结构变动为研究目标，可以更准确地发现、更细致地研究提高西部农村居民消费支出水平的关键影响因素，在现有条件下充分利用存量资源、多渠道开发增量资源，逐一解决存在的消费障碍，提高其消费支出水平，使他们过上幸福指数较高的生活。不仅有利于经济的均衡持续发展，也有利于社会的和谐稳定。

（3）在中国经济结构调整转型时期，对西部农村居民的消费结构展开研究，引导他们理性消费，合理优化其消费结构，有助于推进产业结构的优化调整。生产与消费之间的关系是密不可分的。生产的最终目标就是消费，消费结构的具体构成内容决定着产品结构的构成，与此同时，生产也对消费有一定的引导和激发作用。在进行产业结构调整的过程中，基于西部农村居民现有的消费状况，采取适当措施引导、帮助他们升级消费理念、提高消费能力、优化消费结构，可使产业结构调整获得持续的动力和明确的方向。

1.2 国内外研究现状

1.2.1 国外消费理论研究

现代经济学经典消费理论的发生、发展集中于20世纪，最早可以追溯到20世纪30年代凯恩斯（Keynes，1936）的绝对收入假说，随后的40年代，杜森贝里（Duesenberry，1949）提出了相对收入假说，50年代莫迪利安尼（Modigliani，1953）和弗里德曼（Friedman，1957）分别提出了生命周期假说和持久收入假说，60-70年代则出现了霍尔（Hall，1978）的随机游走假说和利兰德（Leland，1968）的预防性储蓄假说，80-90年代扎德斯（Zeldes，1989）则提出了流动性约束假说。下面将具体阐述各主要学派假说的具体内容。

1. 绝对收入假说

凯恩斯在《就业、利息和货币通论》一书中分析了消费支出的影响因素。他认为消费支出主要由即期收入决定，并且边际消费倾向遵循递减规律，由于没有将跨期收入考虑进去，后人把他的学说称之为绝对收入假说。

社会消费支出数量一部分由社会收入数量决定，一部分由客观存在的情况决定，一部分由社会居民的主观需要、心理倾向、习惯以及收入分配原则决定。凯恩斯把消费支出的影响因素分为主观因素和客观因素，主观因素包括人类本性的心理特点以及社会成规和制度，客观因素包括工资单位、收入和净收入之间的差额、没有计入净收入的资本价值、贴现率、财政政策、人们改变现在和将来收入水平差距的期望。在对各项因素分析之后，凯恩斯认为消费的改变主要取决于以工资单位衡量的收入的改变，其他各项因素对消费的影响或者相互抵消，或者作为既定背景可以忽略不计。

通常情况下，人们的消费会随着收入的增加而增加，但是，消费增加的幅度要小于收入增加的幅度，若用 C 和 Y 分别代表消费和收入，则 $\mathrm{d}C/\mathrm{d}Y$ 的数值为正且小于1，变量 $\mathrm{d}C/\mathrm{d}Y$ 即是我们熟知的边际消费倾向。凯恩斯认为较高的收入水平会扩大收入和消费之间的差距，人们首先会用收入满足现行的基本生活需要，当基本生活需要得到满足并达到一定舒适程度之后，人们会将提高的收入越来越多的储蓄起来而减少消费，即随着收入水平的提高，边际消费倾向呈递减趋势。

在短期内，人们的消费不会随着收入的改变而即时改变，收入变动和消费变动之间存在时间延迟，当收入提高或者降低时，人们由于习惯仍然会按照以前的生活水平进行消费，收入发生变化时，储蓄在开始时会有比较大的改变，收入上升会使储蓄增加，收入降低会使储蓄下降。即使生活消费因收入变化而发生调整，也不会在短期内完全调整过来。

2. 相对收入假说

杜森贝里在《收入、储蓄和消费者行为理论》一书中对凯恩斯的观点进行了修正，杜森贝里试图完善凯恩斯的消费理论，但最终也仅限于对消费者即期消费行为的讨论，没有消费者的跨期消费行为。

杜森贝里认为，凯恩斯忽视了社会因素和心理因素对消费者行为的影响，他以四个命题为基础，建立了新的消费行为理论，以明确分析社会和心理因素的影响。命题内容，一是一般人类物质需要和由特定社会文化所需的活动，要求有各种各样的消费品的存在；二是许多不同质量的消费品能满足这种由社会或心理因素产生的每一个需求；三是不同类别的商品或不同的方法各有自己的优越性；四是一般而论，被用来实现任何特殊目标的商品都存在一个满足人们需要好坏的等级程度。

杜森贝里认为，人们在既定收入条件下有增加消费支出改善现行生活水平以及增加储蓄在未来获得收益的趋势，消费支出和储蓄如何决定，消费习惯在其中起着重要的作用。消费习惯有一定的稳定性，人们的消费行为不仅受现期收入的影响，也受前期收入和消费高峰的影响。同时，消费习惯也不是一成不变的，因为人们偏好消费更好质量的消费品，这种偏好有使消费习惯改变的可能性。

另外，由于社会和心理因素的影响，人们不仅关心自身的绝对消费水平，也更关心与他人相比较的相对消费水平。收入水平低的人群消费水平也比较低，他们更关注收入水平高的人群的消费状态，以此来衡量评价自己的消费状态，并以高收入人群的消费状态为模仿对象，寻求增加消费支出以追求更高的消费水平，即所谓的示范效应。

杜森贝里的相对收入假说进一步拓展了凯恩斯的绝对收入假说，提出人们在纵向时间轴上和横向空间轴上的相对消费水平也影响着人们的消费支出，但是，杜森贝里的相对收入假说同样没有跳出仅对消费者即期消费行为进行分析的藩篱，在消费理论上没有取得突破性的进展。

3. 生命周期假说

莫迪利安尼在与布伦贝格（Brumberg）合作的《效用分析与消费函数：横截面数据的一种解释》一文中认为，人们不仅仅根据当期收入安排自身的消费支出，而且也会考虑一生的收入情况安排消费，以实现整个生命周期内消费效用的最大化。人们将来的收入情况和生命周期紧密相关。一般而言，一个人年轻时或者是年老时收入较低，消费支出可能会高于收入，年轻人会提前预支收入进行消费，老年人则会动用储蓄进行消费；中年时期的收入较高，消费支出可能会低于收入，多余的收入会被储蓄起来。同时，莫迪利安尼也注意到消费者收入模式的不同，例如体力劳动者和非体力劳动者的收入模式的区别，前者在步入老年时（65岁）收入可能为零，后者则在步入老年时收入仍处于较高水平。总之，在一般情况下，人们的消费依据是终生收入以及初始资产的多少，消费率接近和一生收入预期相关的平均数，保持一个比较稳定的状态。储蓄在短期内与当期收入和终生平均收入相关，在长期内则与个人生命周期和家庭规模相关。生命周期假说将消费与生命周期、储蓄等因素联系起来进行研究，对凯恩斯的绝对收入假说是一个重大的理论突破，进一步丰富了消费理论，使人们对消费现象有了更深刻的认识。

4. 持久收入假说

弗里德曼在《消费函数理论》一书中将人们的收入分为暂时性收入和持久性收入两部分，认为持久性收入是人们预计一生可获得收入的平均值或数学期望值，暂时性收入是当期收入与持久性收入的离差，同时，人们的消费可分为暂时性消费和持久性消费。

暂时性收入的储蓄倾向很高，对暂时性消费的影响很小，持久性收入的边际消费倾向很高，持久性收入和持久性消费保持固定的比例。可用数学公式 $Cp=k(i,w,u)Yp$ 表示持久性收入和持久性消费的函数关系，其中，Cp 和 Yp 分别为持久消费和持久收入，i 为贴现率，w 为非劳动收入在持久收入中所占的比重，u 为消费者的嗜好、年龄、家庭结构等所决定的无差异曲线形状和位置的因素。暂时性收入是对预期收入的偏离，这种偏离带有偶然性质，是瞬间的、非连续性的，其影响因素有健康、气候和生活方式等，暂时性收入有正负之分，决定着当期收入高于或者低于持久性收入。持久性收入的影响因素有年龄、职业、能力和非劳动收入等。同样地，暂时性消费也有正负的区别，决定着当期消费可能高于或者低于持久性消费。

生命周期假说和持久收入假说均归属于跨时选择理论，这两种假说的创立，使人们对消费的认识从即期向预期与远期延伸，从而对消费与收入的关系有了更深刻、更全面的认识。同时，两种假说对消费影响因素的分析研究有了进一步的拓展。生命周期假说重点分析了消费受消费者生命周期变化的影响，持久收入假说则重点分析了消费与消费者预期持久性收入的影响关系，二者均认为消费者的短期（即期、暂时性）收入不会影响消费者的消费模式。跨时选择假说的提出，为20世纪后半叶乃至现在的消费理论研究与消费实证研究提供了比较深刻的理论支撑，但是，限于当时的研究条件尤其是缺乏处理不确定性的数学工具，两种假说虽然对不确定性有所认识却没有展开更进一步的研究。

5. 随机游走假说

在生命周期和持久收入两个假说中，不确定性没有被引入，消费者可以准确预测自己的未来收入并据此确定一生的最优消费路径。但是，在现实中，一方面消费者的未来收入是不确定的，另一方面，消费者预测未来收入所依据的信息也处于变化之中，所以消费者所预测的未来收入是不确定的，一生的最优消费路径设计在不同时期也是不一样的。霍尔的随机游走假说就是在这样的背景之下产生的。

在不确定情况下，消费者依然追求预期消费效用的最大化。霍尔在《生命周期和永久收入假说的随机影响：理论和证据》一文中指出，消费在长期趋势下是随机游走的，不可预见的；当期消费水平依赖其前期消费，与过去的收入及收入变化无关，未来收入不确定性不会影响消费。但是，随后的经济学家对随机游走假说检验之后有新的发现，即消费的过度敏感性与消费的过度平滑性。消费的过度敏感性是指消费对预期的收入变动反应比较敏感（Flavin，1981），消费的过度平滑性则指消费对预期的收入变动反应比较迟钝（Campbell and Deaton，1989）。新发现表明霍尔的随机游走假说没有揭示消费现象的全部内容，具有缺陷。在不确定情况下的消费理论研究，除随机游走假说之外还有比较有影响的预防性储蓄假说和流动性约束假说，这两种假说很好地补充了随机游走假说的理论缺陷。

6. 预防性储蓄假说

利兰德在《储蓄和不确定性：储蓄的预防性需求》一文中，将预防性储蓄定义为由未来不确定性收入引起的额外的储蓄，并构造一个两期模型对消费者在不确定情况下的消费行为进行了研究。利兰德认为消费者在不确定情况下进行跨期消费决策时，不仅要考虑到将财富平均分配到生命周期的各个阶段，而且还要考虑到防范未来不确定性事件的发生。消费者进行储蓄不仅仅是平滑生命各期的消费，也有防范未来消费风险的作用。消费者储蓄动机的存在，说明不仅仅是对未来收入的确定性预期影响消费，而且对未来收入不确定性的预期也同样影响着消费。未来的不确定性程度越高，预期消费的边际效用越大，消费者会更倾向于储蓄，把更多的财富转移到未来进行消费，对当期消费将采取比确定性情况下更为谨慎的行为。

7. 流动性约束假说

流动性约束假说的主要代表人物是扎德斯（Zeldes，1989），扎德斯在《消费和流动性约束的实证研究》一文中认为，消费者在低收入水平下，如果不能变现所拥有的金融资产或者没有能力借贷，则面临流动性约束问题，并且当期消费水平会降低至平均水平之下。流动性约束如果发生在当期，则消费者的当期消费水平会降低，消费会受到消费者当期收入和当期所拥有的资产的影响，这与生命周期假说和持久性收入假说的结论并不一致，却有着明显的凯恩斯绝对收入假说的特征，同时，也从另一个角度对消费的过度敏感性有了一个很好的解释。消费者如果预期未来将发生流动性约束，会增加储蓄防止未来消费受到冲击，当期消费水平也会降低。消费者在收入增加的情况下，将一部分收入储蓄起来用于未来消费，会对消费起到平滑作用，这也从流动性约束角度很好地解释了消费的过度平滑性。

1.2.2 国内研究文献综述

从1983年尹世杰的《社会主义消费经济学》开始，消费经济学理论在中国得到了系统广泛的研究，内容丰富全面。在2007年版的《消费经济学》一书中，尹世杰以消费经济学基本理论为研究基础，结合中国社会经济发展的实际情况，系统研究了消费需要、消费需求、消费环境、消费水平、消费结构、消费方式等问题。并指出影响消费者行为的因素包括个体因素、消费者心理、消费客体因素以及社会环境因素。个体因素包括消费者收入、财产、信贷等经济资源，消费者时间安排，所具备的知识、个性、自我概念，生活方式等；消费客体因素指的是与消费品和消费服务有关的内容，其中的消费品价格是重要和敏感因素；社会环境因素包括社会文化、社会阶层、社会群体、购物情境以及和消费有关的法律制度等。消费经济学对于消费理论的论述比较系统全面，但对于消费函数尤其是适合中国国情的消费函数则缺乏进一步的有创新性的研究。

1994年，臧旭恒在《中国消费函数分析》一书中对西方经济学经典消费理论进行了深刻剖析，具体分析了各种消费理论所隐含的前提条件，结合中国社会发展的实际情况，对西方经典消费理论在中国国情下的适用性进行了比较分析，分析以中国的消费者行为为微观研究基础，利用统计数据进行了实证检验，定性分析和定量分析相结合，得出的消费函数模型更切合中国消费者的实际情况，结论具有创新性并且令人信服。臧旭恒以1978年为时间分界点，将1978年以前的中国消费者行为假定为被动的短期行为，将1978年以后的中国消费者行为假定为攀附的、过渡性前瞻行为，并在消费者行为假定的基础上，提出了四个假说。假说的主要内容为，凯恩斯和杜森贝里的消费函数对1978年以前的中国消费情况可应用性较大，弗里德曼和莫迪利安尼的消费函数对1978年以前的中国消费情况可应用性较小，对1978年以后的中国可应用性逐渐加大，理性预期等复杂消费函数对中国的可应用性较小。《中国消费函数分析》的主要贡献在于将西方经济学经典消费理论和中国社会不同的发展阶段以及不同的消费群体相对应，时间上以1978年为分界点，空间上对城镇消费者和农村消费者作了区分，确立了科学合理、符合客观实际的中国消费函数。

2003年，朱信凯对中国农村居民消费函数进行了专门研究。在《中国农户消费函数研究》一书中，朱信凯对改革开放以来中国农户消费增长及其变化成因进行了深入分析，使用双扩展线性支出系统等模型诠释了农户消费水平与消费结构的嬗变，在对中国农户消费行为特点分析的基础上，提出分析农户消费行为的一般理论框架，对中国农户分地区、分时期构建并检验了消费函数模型。朱信凯的中国农户消费函数研究秉承了臧旭恒中国消费函数分析的核心思想，对中国农户消费进行了更深层次的剖析，使得针对中国农户的消费函数研究更系统、更全面、更切合消费实际。

臧旭恒和朱信凯的消费函数研究关注的重点是消费与收入两个变量之间的定量关系，近年来针对消费问题的实证研究也有很多集中在收入对消费影响的定量分析上。王宏伟（2000）依据中国农村居民1985–1998年消费与收入数据，分别建立了杜森贝里相对收入双对数模型与弗里德曼持久收入双对数模型，分析回归结果后认为示范效应与攀附行为不是引用数据时期农村居民消费行为的主要特征，农村居民的当期消费主要受持久性收入的影响，暂时性收入对农村居民消费的影响较弱。李锐、项海容（2004）建立GARCH（1,1）模型进行实证分析后得出结论，消费支出与持久性收入相关程度高于暂时性收入，消费支出对持久性收入很敏感，对暂时性收入则有一定的敏感性。李金昌、窦雪霞（2007）基于协整理论与状态空间模型分析认为，中国农村居民以1996年为时间分界点，消费与收入之间存在不同的函数关系，并指出是由于边际消费倾向的动态变化导致了两种不同函数关系的形成。卢方元、鲁敏（2009）以持久收入假说为理论基础建立面板数据模型，分析了中国农村居民不同收入组（低收入、中低收入、中等收入、中高收入和高收入）对总消费以及各分项消费的影响，结果表明不同收入组对总消费的影响具有个体和结构差异，对衣着消费的影响具有个体差异，对食品等其他各项消费既无个体差异又无结构差异。汪旭晖、顾晶（2009）建立多元回归方程分析了工资性收入、家庭经营收入、财产性收入和转移收入对中国农村居民消费的影响，分析结果显示财产性收入和转移性收入对消费无显著影响，家庭经营收入对消费影响最为显著，其次是工资性收入对消费也有重要影响。张秋惠、刘金星（2010）通过建立面板回归模型，分析了收入结构对中国农村居民人均消费支出以及消费结构的影响，发现基本收入即工资性收入与家庭经营收入的边际消费倾向低于非基本收入即转移性收入与财产性收入的边际消费倾向，并认为家庭经营收入和工资性收入具有持久性收入的特征，转移性收入和财产性收入具有暂时性收入的特征。王健宇、徐会奇（2010）认为收入具有持久性、增长性、流动性和不确定性等特点，不同的特点对中国农村居民的消费产生不同的影响，并利用面板数据模型进行了实证检验，结果表明收入的增长性和持久性对农村居民的当期消费有显著的正向影响，收入的不确定性则对农村居民的当期消费有显著的负向影响。肖立（2012）通过建立不同收入等级的人均纯收入与各类商品消费支出的面板数据模型发现，居住、教育文化娱乐、杂项与服务三类商品消费支出与收入等级无关，食品、衣着、家庭设备用品、交通通信、医疗保健等商品的边际消费倾向因收入等级的不同而不同，并且随着收入等级的提高其边际消费倾向基本呈下降趋势，食品、居住和交通通信边际消费倾向较高，衣着和教育文化娱乐边际消费倾向较低。

对于影响消费的其他非收入因素，也有比较广泛的研究和讨论。魏建、杨志明、张广辉（2011）在凯恩斯绝对收入假说的理论基础上建立消费函数模型，实证检验了财政支农各项支出对农村居民各项消费的影响，结果表明，财政支农支出对农村居民总消费有正向促进作用，促进作用按投资性支出、转移性支出和消费性支出的顺序依次递减，对各分项消费的促进作用与总消费基本相似；同时，财政支农各项支出对农村居民消费的影响因区域不同而不同，投资性支出对东部和西部农村居民消费的促进作用最大，对中部农村居民消费促进作用最大的是转移性支出，另外，发现财政支农支出对西部农村居民消费的影响总体上弱于东部和中部地区。陈冲（2011）在生命周期假说基础之上建立理论模型，用面板数据实证检验了农村人口结构变动对农村居民消费的影响，发现少儿抚养系数和老年抚养系数对农村居民消费有方向相反的作用，在当前国情下，中国少儿抚养系数的下降对农村居民消费有正向促进作用，老年抚养系数的上升对农村居民消费有负向抑制作用。孙春燕（2013）基于 26 省份，2000–2010 年十年间的面板数据建立似无关（SUV）回归模型，分析了各项农村基础设施投资对农村居民消费结构的影响，认为农村基础设施投资总体上促进了农村居民各项消费的正向增长，教育基础设施投资等则对消费有抑制作用。邓晓兰、鄢哲明、杨志明（2013）建立 CSE 回归模型，以土地数量和表示有无土地的虚拟变量 D 为考察变量，模型运行结果表明土地数量和农村居民消费水平之间呈负相关关系，无地农村居民的边际消费倾向下降幅度较大，进一步建立 Tobit 模型显示土地数量与养老保险金有替代关系，表明土地对农村居民有养老保障功能。贾琼、李丽莉（2013）通过实证分析甘肃省农村社会零售消费品总额和从事仓储运输、批零贸易及餐饮业人数之间的关系发现，农村消费品流通体系的发展与消费品零售总额的提高有着显著的正相关关系。陈东、刘金东（2013）研究了农村信贷结构对农村居民消费的影响，通过经验模型、状态空间模型和中介效应检验分析发现，消费性信贷比生产经营性信贷对农村居民消费的促进作用更大，但是在实际消费过程中，消费性信贷供需失衡，农村信贷对农村居民消费的直接效应受到压制，前者对后者的促进作用主要体现在农村信贷通过提高农村居民纯收入而提高消费的中介效应上。胡帮勇、张兵（2013）通过构建消费计量模型，实证分析了农村金融发展水平对农村居民消费支出的影响，结果表明，农村金融规模、农村金融效率和农村金融密度对农村居民消费支出都有显著的正向促进作用，农村金融结构则无显著影响。

1.2.3 已有研究的贡献与不足

国外消费理论产生得比较早，到20世纪末已经发展出多种消费理论假说，对消费现象进行了越来越深刻、越来越全面的阐释，为研究消费问题提供了比较成熟的理论体系。基于事物发展的一般规律，我们有理由借用这些已经得到充分发展的国外消费理论来研究中国的消费情况，但是，由于不同国家的国情有所不同，应用国外消费理论研究中国国内消费现象时，应该考虑中国特有的社会及经济环境，才能得到切合中国消费实际的结论，才能有针对性地制定提高消费水平、改善消费结构的政策措施。

关于中国农村居民消费问题，很多研究都对消费的影响因素进行了客观细致的实证分析。早期研究多从收入入手进行分析，后期研究则逐步扩展到收入以外的其他与消费有关的影响因素，并取得了很多符合中国农村居民消费实际的研究成果，为扩大内需、发展经济提供了客观可信的政策依据。但是，对于诸多消费影响因素的研究一般仅以单个因素为主要研究对象，对各种影响因素的综合分析相对偏少，不同地区、不同阶段以及不同人群消费支出的主要影响因素是否相同，影响的显著程度、方向和大小有什么区别等诸如此类更深层次的问题基本没有论及。同时，专门针对中国经济欠发达地区消费问题的研究偏少，从一般意义上来说，经济欠发达地区的消费潜力要大于经济发达地区，对于这些地区的消费情况进行研究，找出影响消费的关键原因，制定正确的消费促进措施，可以更大程度地激发消费潜能，提高城乡居民的整体消费能力。

1.3 研究目标和研究内容

1.3.1 研究目标

（1）分析食品、衣着、居住、家庭设备和用品、交通通信、文教娱乐、医疗保健和其他等八类消费支出特征，研究中国西部农村居民消费结构的发展变化趋势，定位西部农村居民的生活消费水平。

（2）分析个体微观因素、家庭微观因素以及外部环境因素对各类消费支出的影响，讨论各项消费支出影响因素的作用机理，研究各项因素对西部农村居民各类消费支出影响的大小和方向。

（3）依据相关影响因素对各类消费支出的影响情况，以及西部农村居民所面临的实际生活环境，提出提高西部农村居民生活消费水平、改善西部农村居民的消费结构的合理的对策措施。

1.3.2 研究内容

本书内容共分为七章：

第一章，导言。阐述中国西部农村居民消费结构变动的研究意义，回顾国外经典消费理论的发生与发展轨迹，总结国内主要消费研究文献的不同内容和观点，发现研究的不足，确定本书研究方向。同时提出研究目标、研究内容、研究方法、技术路线和创新点。

第二章，中国西部农村居民消费结构纵向比较。重点研究中国西部农村居民消费结构随时间发生变化的情况，通过消费结构纵向变动方向、大幅度及速度的比较，分析西部农村居民消费支出的时间变化趋势，确定消费发展阶段。同时，对八类消费支出边际消费倾向的动态变化趋势展开分析，并初步探讨消费结构的影响因素。

第三章，中国西部农村居民消费结构横向比较。准确定位中国西部农村居民消费结构变动状态，对中国西部城镇居民和美国、英国、日本和韩国居民的消费结构进行分析和横向比较，推定中国西部农村居民当前消费结构所处状态和未来走向，并通过比较同等收入条件下的中国西部城乡各项消费支出构成情况，探讨消费支出影响因素。同时，对西部城乡居民的边际消费倾向、消费需求弹性等变量进行比较分析。

第四章，中国西部农村居民消费结构影响因素。通过分析不同经济区域农村居民的消费现状，比较不同地区农村居民的各类消费支出情况，进一步定位西部农村居民的消费阶段和消费层次，并对影响西部农村居民消费结构的主要因素进行深入分析，探讨形成消费抑制的深层次原因。

第五章，中国西部农村居民消费调查。基于陕西和甘肃两省农村居民的 238 份抽样调查问卷数据进行分析。问卷调查以家庭为基本单位，内容包括被访者基本情况、被访者家庭经济状况、被访者生活消费支出情况、被访者生活消费行为及意愿被访者消费信贷及社会保障五个部分。

第六章，中国西部农村居民时间消费及影响因素。基于2006年CHNS数据，通过比较分析中国西部（广西、贵州）、中部（河南、湖北、湖南）和东部（江苏、山东）三个地区七个省份不同年龄阶段、不同性别农村居民文教娱乐消费时间及受教育年限、工作时间等七个消费时间的影响变量，研究西部农村居民时间消费特征，以及时间消费影响因素的影响显著程度、大小和方向。

第七章，主要结论与对策建议。综合阐述中国西部农村居民消费支出特征，消费环境和消费支出影响因素，并提出相应对策建议。

1.4 研究方法与技术路线

1.4.1 研究方法

本书采用了以下几种研究方法：

（1）描述性统计方法。通过对中国西部农村居民消费结构统计数据进行计算整理，研究西部农村居民八类消费支出的变化趋势和发展规律，确定消费发展阶段和消费结构层级，探讨提升西部农村居民消费水平的对策措施。

（2）对比分析方法。通过对比分析中国西部农村居民和中国西部城镇居民、中国东部农村居民、中国农村居民以及美国、英国、日本和韩国等国外居民的消费结构构成和消费支出情况，探究中国西部农村居民消费结构的变化规律，分析消费支出影响因素。

（3）问卷调查方法。以陕西和甘肃两省农村居民家庭为调查对象进行问卷调查，获得238份有效调查问卷，问卷内容包括被访者基本情况、被访者家庭经济状况、被访者生活消费支出情况、被访者生活消费行为及意愿、被访者消费信贷及社会保障五个部分，对西部农村居民微观消费行为进行调查研究。

（4）计量模型分析方法。利用状态空间模型、ELES模型和凯恩斯绝对收入假说扩展模型对中国西部农村居民的动态边际消费倾向、静态边际消费倾向、消费收入弹性、消费价格弹性、基本消费支出等变量，以及各类消费支出的影响因素进行实证分析。

1.4.2 技术路线

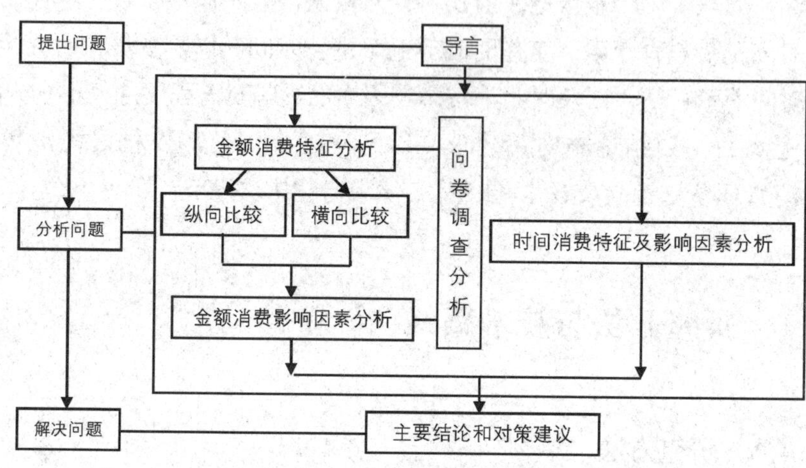

图 1-4 技术路线图

1.5 创新说明

（1）研究内容的创新，依据人口结构对消费支出情况进行研究。以中国西部农村居民家庭为基本调查单位，对家庭内部成员消费支出的分配情况进行调查研究。研究发现，消费支出的分配情况及家庭成员的年龄、性别结构影响。对具有不同人口学特征家庭成员消费支出的品类和数量进行细分研究，有助于更有针对性地采取措施，有效提高西部农村居民的生活消费水平。

（2）研究角度的创新，从时间消费角度进行研究。消费支出不仅仅是金额的支出，还包括另一项"隐性"的支出——时间支出。购买消费品需要支出货币，使用消费品则需要花费时间，时间消费是金额消费的延伸。从非金额消费角度进行研究，对西部农村居民劳动时间之外的时间分配情况和各影响因素展开分析，有助于更深层次地了解和认识西部农村居民的生活消费特征以及影响因素，可以更充分、更全面地探讨促进西部农村居民消费结构升级的对策措施。

第2章　中国西部农村居民消费结构纵向比较

本章将重点研究中国西部农村居民消费结构随时间而变化的状态，通过消费结构纵向变动方向、幅度及速度的比较，分析西部农村居民消费支出的时间变化趋势，确定消费发展阶段。同时，利用状态空间模型实证分析八类消费支出的边际消费倾向动态变化趋势，并初步探讨消费结构的影响因素。

2.1 消费结构演变趋势

2.1.1 八类消费支出的时间演变

消费结构是消费水平的具体体现，将居民消费内容分成若干小项进行分析可以更深入细致地研究消费变动规律，更有针对性地发现提高居民消费水平的方法措施。消费结构的划分实质是各个消费分项比例的确定，消费分项的划分按照不同的标准又有不同的分法，例如，按消费满足居民生活消费的层次划分可以划分为生存型消费、发展型消费和享受型消费，或者按照消费资料的存在形式为标准，可划分为实物消费和劳务消费等。国家统计局从 1994 年开始在《中国统计年鉴》中将居民消费划分为食品、衣着、居住、家庭设备及用品、交通通信、文教娱乐、医疗保健以及其他八个类别，与国际通行的微观划分方法更为接近，为分析研究中国居民消费水平和消费结构提供了一个有可比性的、利于定量分析的划分标准。

下面将分别列出 1999[❶] –2013 年的 14 年间，西部农村居民八类消费支出的绝对数值及其在消费总支出中所占比重的发展变化情况进行分析，鉴于居民收入对居民消费支出的重要影响，历年的人均纯收入也一并列出。同时，为分析八类消费支出的商品化程度，也将列出它们现金消费支出的

❶ 臧旭恒（1994）在分析中国消费者行为时依据消费者外部环境的变化以 1978 年为分界点进行研究；朱信凯（2003）依据需求理论和国家政治体制和经济体制的变化，将时间分为三个阶段对中国农户消费函数进行研究，1978 年以前、1979–1994 年和 1995 年以后；李金昌、窦雪霞（2007）实证分析发现以 1996 年为界限，中国农村居民消费与收入之间存在不同的均衡关系。基于以上研究，同时考虑到本文研究重点及数据可得性，选取 1999 年以后的数据进行分析。

绝对数值以及占比随时间变化的情况。

依据表 2-1 列出的数据有以下发现：

（1）中国西部农村居民人均消费支出增长的速度略高于人均纯收入的增长速度，但是总体差别不大，分别为 11.23% 和 11.04%，两者增速相近表明西部农村居民消费支出受纯收入的影响较大，同时，消费支出增速略高于纯收入增速则表明西部农村居民具有较强的潜在消费需求和消费能力。

（2）中国西部农村居民年人均消费支出绝对数值在 1999–2013 年的 14 年间，总体呈上升趋势。总消费从 1255.80 元上升到 5573.28 元，年平均增长率为 11.23%。食品消费从 727.95 元上升到 2127.54 元，年平均增长率为 7.96%。衣着消费从 73.14 元上升到 381.27 元，年平均增长率为 12.52%。居住消费从 159.08 元上升到 1057.74 元，年平均增长率为 14.49%。家庭设备及用品消费从 56.50 元上升到 325.79 元，年平均增长率为 13.33%。交通通信消费从 38.36 元上升到 673.59 元，年平均增长率为 22.71%。文教娱乐消费从 123.45 元上升到 341.14 元，年平均增长率为 7.53%。医疗保健消费从 54.47 元上升到 527.19 元，年平均增长率为 17.60%。其他消费从 22.85 元上升到 139.01 元，年平均增长率为 13.77%。其中，交通通信消费年平均增长率最高，超出总消费 11.48 个百分点；文教娱乐消费年平均增长率最低，低于总消费 3.7 个百分点。

（3）在八类消费支出中，增速最大的是交通通信消费，高达 22.71%，增速最小的是文教娱乐消费，次小的是食品消费，分别为 7.53% 和 7.96%。食品消费增速较小表明中国西部农村居民的基本生活需求已经得到较深程度的满足，消费水平达到较高层次。交通通信增速最大表明西部农村居民的发展型消费和享受型消费愿望强烈，并且具备了一定的消费需求实现能力。文教娱乐消费增速最小，一方面是因为九年义务教育政策的实施减轻了西部地区农民的教育负担，同时，也存在西部农村居民较少得到较高层次教育的隐忧；另一方面，则是电视一类的传统娱乐用品价格逐渐走低并且使用寿命较长，同时，手机等方兴未艾的电子产品兼有通讯及娱乐功能，对传统娱乐用品有一定程度的替代效应。

表2-1 中国西部农村居民1999-2013年消费支出演变（元/人）

年份	食品	衣着	居住	家庭设备	交通通信	文教娱乐	医疗保健	其他	总消费	纯收入
1999	727.95	73.14	159.08	56.50	38.36	123.45	54.47	22.85	1255.80	1578.18
2000	709.99	73.93	186.01	53.67	53.47	144.76	67.83	36.19	1325.85	1661.03
2001	708.31	76.19	202.28	56.22	65.58	146.23	75.56	37.38	1367.75	1721.19
2002	725.99	80.76	219.75	58.20	80.16	156.37	80.13	37.54	1438.90	1820.87
2003	751.12	84.08	233.14	59.07	103.55	177.05	89.65	26.55	1524.22	1936.01
2004	886.96	91.36	237.36	64.69	131.22	186.93	104.90	29.28	1732.70	2157.90
2005	1007.17	112.76	265.54	82.55	167.54	216.46	134.64	36.21	2022.88	2378.90
2006	1019.44	125.95	347.49	95.41	204.17	206.74	152.18	40.73	2192.08	2588.40
2007	1178.02	147.97	427.92	111.48	234.13	205.34	174.12	47.90	2526.87	3028.40
2008	1367.50	161.00	497.30	129.00	257.30	205.80	199.20	50.10	2867.10	3517.70
2009	1395.90	184.10	677.40	163.10	296.40	221.50	245.90	54.40	3238.70	3816.50
2010	1556.60	213.10	663.90	190.60	341.60	233.50	275.60	62.60	3537.50	4417.90
2011	1780.30	270.20	771.30	244.10	422.40	269.30	349.30	81.10	4187.90	5246.70
2012	1992.20	322.00	877.80	272.00	503.90	306.30	419.00	105.00	4798.40	6026.60
2013	2127.54	381.27	1057.74	325.79	673.59	341.14	527.19	139.01	5573.28	6833.58

注：本章研究重点在于比较分析，表中数据均按当年价格列示，下同

资料来源：2000-2014年中国农村统计年鉴

依据表 2-2 中列出的数据有以下发现：① 在历年消费数据中，食品消费占总消费支出的比重始终排在第一位，表明“吃”作为生存型消费支出在中国西部农村居民的消费支出中具有不可动摇的基础地位。联合国粮农组织提出以恩格尔系数[1]作为衡量贫困与富裕的标准，恩格尔系数在60%以上为绝对贫困型，50% ~ 60%为温饱型，40% ~ 50%为小康型，30% ~ 40%为富裕型，30%以下为极富裕型，按照以上标准，可以看出到 2013 年为止，38.17% 的恩格尔系数表明中国西部农村居民的生活消费已经达到富裕水平。从 1999–2013 年，西部农村居民的恩格尔系数总体呈下降趋势，表明他们的消费水平和生活水平在持续提高。② 除了食品消费支出占比最高之外，居住消费支出占比始终排在各类消费支出占比的第二位。一方面表明，居住是人们生活中必不可少的消费内容，消费刚性大，人们愿意在居住方面付出更多花费；另一方面，较高的居住消费数额也提升了居住占比。14 年间，居住消费提升了 6.31 个百分点。③ 在剩余各类消费支出占比中，除文教娱乐消费占比明显下降 3.71 个百分点之外，其他消费支出占比均呈现出上升趋势，上升幅度最大的是交通通讯消费支出，14 年间上升了 9.04 个百分点。表明，人们在基本生活消费得到满足之后，逐渐具有了更高层次的生活追求，更多地关注衣着打扮、居家生活舒适、方便，同时对身体健康越来越重视，在收入水平不断提高和新型农村合作医疗、新型农村养老保险等社会保障措施逐步实施的情况下，不仅具有消费愿望也具备了一定的消费能力。④ 关于交通通信与文教娱乐消费支出占比大幅变动的原因分析如下。随着社会经济和信息化的快速发展，以及政府对人口流动约束的松绑，人们不再局限于在家门口的土地上生产劳作，劳动空间得到拓展，离开故土到城里打工成了部分农村居民的首选。在此背景下，对移动便利和沟通方便的需要得到提升，因而扩大了人们对交通通信的消费需求。同时，通信技术的发展使得交通通讯用品成本逐年降低，在收入增加和价格降低双重作用之下，不断增长的交通通信需求得到最大限度的释放。文教娱乐消费支出占比之所以明显下降除了前文提到的文教娱乐消费支出增速过低的原因之外，许多西部农村居民的旅游、健身活动受收入、时间以及消费环境等客观条件的限制，消费需求没有得到充分的满足、释放，对文教娱乐消费支出占比有比较大的负向拖动作用。

---

[1] 恩格尔系数为食品支出总额占消费支出总额的比重。

表2-2　中国西部农村居民1999-2013年消费支出构成演变（%）

年份	食品	衣着	居住	家庭设备	交通通信	文教娱乐	医疗保健	其他	总消费
1999	57.97	5.82	12.67	4.50	3.05	9.83	4.34	1.82	100.00
2000	53.55	5.58	14.03	4.05	4.03	10.92	5.12	2.73	100.00
2001	51.80	5.60	14.80	4.10	4.80	10.70	5.50	2.70	100.00
2002	50.50	5.60	15.30	4.00	5.60	10.90	5.60	2.60	100.00
2003	49.30	5.50	15.30	3.90	6.80	11.60	5.90	1.70	100.00
2004	51.20	5.30	13.70	3.70	7.60	10.80	6.10	1.70	100.00
2005	49.80	5.60	13.10	4.10	8.30	10.70	6.70	1.80	100.00
2006	46.50	5.70	15.90	4.40	9.30	9.40	6.90	1.90	100.00
2007	46.60	5.90	16.90	4.40	9.30	8.10	6.90	1.90	100.00
2008	47.70	5.60	17.30	4.50	9.00	7.20	6.90	1.70	100.00
2009	43.10	5.70	20.90	5.00	9.20	6.80	7.60	1.70	100.00
2010	44.00	6.00	18.80	5.40	9.70	6.60	7.80	1.80	100.00
2011	42.50	6.50	18.40	5.80	10.10	6.40	8.30	1.90	100.00
2012	41.50	6.70	18.30	5.70	10.50	6.40	8.70	2.20	100.00
2013	38.17	6.84	18.98	5.85	12.09	6.12	9.46	2.49	100.00

资料来源：2000-2014 中国农村统计年鉴

由表 2-3 和表 2-4 发现：

（1）中国西部农村居民八类现金消费支出总体均呈上升趋势，除文教娱乐现金消费支出之外，年平均增长率均超过 10%。现金消费总支出的年平均增长率为 13.87%，比消费总支出年平均年增长率高出 2.64 个百分点，表明现金消费支出增长速度高于消费支出增长速度，西部农村经济逐渐走出自给自足经济发展阶段，消费品商品化程度不断提高，商品化发展带动了消费的发展。

（2）在八类现金消费支出中，除食品现金消费之外，其余现金消费支出的年平均增长速度均与消费支出的年平均增长速度相差无几甚至相等，这与它们的商品化程度较高有很大关系，一方面，社会的进步、工业化的发展使得社会分工越来越细，人们不再从事所有门类的生产以自给自足，另一方面，规模经济、产出效益和技术要求也决定了一些消费品必须走商品化的道路。

（3）在八类消费支出中，食品消费支出与食品现金消费支出年增长率差别最大，现金消费支出比消费支出高出 4.46 个百分点。这一结果由多种原因造成。首先，表明中国西部农村居民食品消费在历史上自给率比较高，此结论也符合人们对于农村居民食品消费的一般认识；其次，也表明西部农村居民的食品消费数量和质量不断得到拓展和提高，人们不再满足于自给自足的食品消费，而是更多地购买加工食品或者自家没有生产的初级食品；同时，随着社会经济的发展，西部农村居民不再仅仅满足于土地种植，改革开发的大潮推动他们走向城市去务工，土地耕种或留给老人，或转租给亲戚朋友，这种情况也会提高农村居民食品消费的商品化率，增加农村居民的食品消费现金支出。

从表 2-5 中可以看出，现金消费总支出占消费总支出的比重逐年增加，1999 年为 63.59%，2013 年上升到 88.31%，14 年间提高了 24.72 个百分点。同时，我们也注意到，食品现金消费支出占消费支出的比重从 1999 年的 40.86% 上升到 2013 年的 72.02%，14 年间提高了 31.16 个百分点，居住现金消费支出占消费支出的比重从 1999 年的 83.44% 上升到 2013 年的 95.85%，14 年间提高了 12.41 个百分点。其他六类现金消费支出占消费支出比重基本保持在 100% 左右，变动不大。

表2-3　中国西部农村居民1999-2013年现金消费支出演变（元/人）

年份	食品	衣着	居住	家庭设备	交通通信	文教娱乐	医疗保健	其他	总消费
1999	297.46	72.79	132.73	56.40	38.36	123.45	54.47	22.85	798.51
2000	314.19	73.59	163.37	53.62	53.47	144.76	67.83	36.19	907.03
2001	327.86	75.69	172.99	56.15	65.58	146.23	75.56	37.38	957.44
2002	352.06	80.48	194.53	58.15	80.16	156.37	80.13	37.54	1039.43
2003	374.49	82.63	205.00	58.84	103.55	177.05	89.65	25.89	1117.09
2004	432.02	90.49	212.87	64.35	131.22	186.93	104.90	28.98	1251.76
2005	532.98	111.88	240.60	81.71	167.54	216.46	134.64	35.67	1521.48
2006	573.08	124.84	317.38	94.37	204.17	206.74	152.18	40.53	1713.29
2007	664.53	146.64	400.08	110.59	234.13	205.34	174.12	47.58	1983.01
2008	788.10	159.80	471.00	128.30	257.30	205.80	199.20	50.10	2259.60
2009	829.70	183.00	653.80	162.60	296.40	221.50	245.90	54.40	2647.50
2010	934.50	212.00	636.90	189.90	341.60	233.50	275.60	62.60	2886.60
2011	1177.80	269.80	741.20	243.70	422.40	269.30	349.30	81.10	3554.60
2012	1366.40	321.70	847.20	271.60	503.90	306.30	419.00	105.00	4141.10
2013	1532.33	380.81	1013.80	323.10	673.45	340.90	526.90	130.37	4921.67

资料来源：2000-2014年中国农村统计年鉴

表2-4　中国西部农村居民1999-2013年消费与现金消费年平均增长率比较（%）

类别	食品	衣着	居住	家庭设备	交通通信	文教娱乐	医疗保健	其他	总消费
消费	7.96	12.52	14.49	13.33	22.71	7.53	17.60	13.77	11.23
现金消费	12.42	12.55	15.63	13.28	22.71	7.53	17.60	13.25	13.87

资料来源：通过表 2-1 和表 2-3 计算整理

表2-5　中国西部农村居民1999-2013年现金消费占消费总支出比重演变（%）

年份	食品	衣着	居住	家庭设备	交通通信	文教娱乐	医疗保健	其他	总消费
1999	40.86	99.52	83.44	99.82	100.00	100.00	100.00	100.00	63.59
2000	44.25	99.54	87.83	99.91	100.00	100.00	100.00	100.00	68.41
2001	46.29	99.34	85.52	99.88	100.00	100.00	100.00	100.00	70.00
2002	48.49	99.65	88.52	99.91	100.00	100.00	100.00	100.00	72.24
2003	49.86	98.28	87.93	99.61	100.00	100.00	100.00	97.51	73.29
2004	48.71	99.05	89.68	99.47	100.00	100.00	100.00	98.98	72.24
2005	52.92	99.22	90.61	98.98	100.00	100.00	100.00	98.51	75.21
2006	56.22	99.12	91.34	98.91	100.00	100.00	100.00	99.51	78.16
2007	56.41	99.10	93.49	99.20	100.00	100.00	100.00	99.33	78.48
2008	57.63	99.25	94.71	99.46	100.00	100.00	100.00	100.00	78.81
2009	59.44	99.40	96.52	99.69	100.00	100.00	100.00	100.00	81.75
2010	60.03	99.48	95.93	99.63	100.00	100.00	100.00	100.00	81.60
2011	66.16	99.85	96.10	99.84	100.00	100.00	100.00	100.00	84.88
2012	68.59	99.91	96.51	99.85	100.00	100.00	100.00	100.00	86.30
2013	72.02	99.88	95.85	99.17	99.98	99.93	99.94	93.78	88.31

资料来源：通过表 2-1 和表 2-3 计算整理

对于农村居民而言，“吃”一直是自给自足的最重要产品，西部农村居民也不例外，甚至“有过之而无不及”。但是，基于前文所述原因，西部农村居民食品消费的商品化程度以每年 2.23 个百分点的速度提高，14 年间，食品消费现金消费支出占比已经达到 72.02%。从一般意义上来说，这种商品化代表着社会的进步，但是，我们同时也应该考虑到另一种情况，随着食品消费商品化程度的提高，一些失去土地的农村居民有可能会因经济困难而达不到最基本的食品消费水平。

2.1.2 食品细分消费量与耐用品年末拥有量的时间演变

为了进一步了解中国西部农村居民消费结构的发展变动规律，我们对西部农村居民消费结构进行更深层次的剖析，同时考虑数据的可得性，下面将对 1999–2012 年中国西部农村居民主要食品消费支出和耐用品消费支出数据进行分析。

从表 2-6 中可以看出：

（1）在食品消费量中，粮食消费排在第一位，蔬菜消费排在第二位，两者与其他副食的消费数量差别巨大，表明粮食和蔬菜消费对于西部农村居民生活是不可替代的，尤其是粮食消费，是西部农村居民正常生活的最基本保障。

（2）粮食消费数量从 1999–2012 年呈逐年下降趋势，年平均降速为 2.20%，同时，蔬菜消费、水果消费和食糖消费数量也均呈下降趋势，降速分别为 1.63%、1.33% 和 1.22%。另外也可以看到，蔬菜、水果和食糖消费数量在所示时间段前期均上升趋势，随后蔬菜消费数量持续下降，水果和食糖消费数量则趋于稳定。

（3）奶及制品、家禽和蛋及制品的消费数量稳步提高，年平均增长率分别为 8.56%、6.43% 和 4.9%，猪肉和牛羊肉等肉类和食用油的消费数量稳中有升，水产品和酒类的消费数量先升后稳。

（4）总体而言，在各类食品消费中，粮食、蔬菜等基本的、传统的食品消费数量呈下降趋势，蛋、奶、肉等高档次食品的消费数量呈上升趋势。这种变化趋势表明出中国西部农村居民食品消费水平在逐步提高、消费结构在逐步优化，人们基本的食品消费需求得到满足之后，越来越向着饮食健康、膳食多样化和营养搭配平衡方向发展。

表2-6 中国西部农村居民1999-2012[1]年主要食品消费量演变（千克）

年份	粮食	蔬菜	食用油	水果	猪肉	牛羊肉	奶及制品	家禽	蛋及制品	水产品	食糖	酒
1999	240.07	97.99	5.50	14.99	15.33	2.19	2.27	1.78	1.88	1.04	1.29	4.53
2000	240.77	103.02	6.18	14.79	12.52	1.86	2.30	1.45	2.21	1.07	1.20	4.72
2001	230.09	97.87	6.13	16.19	15.67	2.06	2.38	2.09	2.29	1.12	1.26	4.98
2002	228.22	98.72	6.53	16.61	16.13	2.15	2.01	2.21	2.25	1.19	1.46	4.94
2003	215.92	100.75	4.94	10.73	17.23	2.63	2.87	2.45	2.41	1.25	1.18	5.12
2004	212.44	101.40	3.87	11.51	17.18	2.53	3.01	2.52	2.46	1.25	1.12	5.26
2005	214.23	97.71	5.01	10.61	20.66	2.77	3.97	3.05	2.57	1.39	1.18	6.51
2006	208.05	95.12	4.99	10.45	19.26	3.03	3.86	2.90	2.76	1.44	1.11	7.13
2007	202.39	91.52	4.90	11.28	17.32	2.79	4.11	3.21	2.59	1.64	1.11	7.23
2008	201.00	89.20	4.90	10.80	16.30	2.50	4.00	3.80	2.90	1.60	1.10	7.30
2009	195.40	94.30	5.00	12.30	17.60	2.60	3.90	3.70	2.90	1.60	1.10	7.60
2010	186.60	86.80	5.00	11.10	18.00	2.70	3.90	3.70	2.90	1.60	1.10	7.60
2011	181.70	82.50	6.30	11.00	16.70	3.70	6.80	4.00	3.10	1.60	1.10	7.80
2012	179.70	79.10	6.70	12.60	16.00	4.10	6.60	4.00	3.50	1.60	1.10	7.80

[1] 2014 年中国（农村）统计年鉴中没有列出分地区农村居民主要食品消费支出数据，所以 2013 年数据未在表中列出。

资料来源：2000-2013 中国农村统计年鉴

从表 2-7 中可以看出：

（1）自行车、黑白电视机年末拥有量呈逐年下降趋势，年平均下降速度分别为 6.22% 和 24.86%，与之相对应的是摩托车、汽车和彩色电视机年末拥有量的迅速上升，三者年平均增长速度（汽车从 2008-2012 年）分别为 16.57%、14.17% 和 11.09%。耐用品年末拥有量增速最快的是移动电话，从 2000 年至 2012 年增速高达 48.79%，其次是空调机，增速达 40.09%。另外，计算机和电冰箱年增长速度均超过 20%，分别为 27.96% 和 24.88%，抽油烟机和洗衣机年增长速度均超过 10%，增速最低的照相机也达 5.70%。固定电话年末拥有量先升后降，总体增速为 8.26%。

（2）传统耐用消费品如自行车、黑白电视机被新型耐用品替代趋势明显，尤其是黑白电视机已经被逐渐淘汰。固定电话从 2000-2007 年处于迅速上升的状态，但在 2008 年之后则迅速下降，这与移动电话的迅速兴起有关，移动电话年末拥有量 2008 年几乎每户平均一部，2009 年平均一部以上，2012 年平均近两部。移动电话和汽车年末拥有量的迅猛增长也为交通通讯消费支出的高增长率提供了佐证。

（3）随着社会经济的发展和技术的进步，人们生活水平逐步提高，对消费品的选择越来越注重使用的方便性、舒适性，耐用消费品的品类也随之发生变化。一些消费品逐渐淡出人们的生活，一些消费品不再被定义为耐用消费品。与此同时，一些新型消费品逐步加入到耐用消费品行列，如中国统计年鉴、中国农村统计年鉴、中国住户调查年鉴等统计年鉴从 2007 年起即停止了对电风扇、收录机等耐用消费品的统计列示，并逐步将汽车、计算机等耐用消费品的每百户年末拥有量纳入到耐用消费品统计数据中。随着人们收入水平的提高、新型消费品成本的不断降低和公共基础设施的逐步完善，诸如汽车、计算机等新型耐用消费品都表现出强劲的发展势头。

表2-7　中国西部农村居民1999-2012[1]年耐用品年末拥有量演变（辆台部架/百户）

年份	自行车	摩托车	汽车	洗衣机	电冰箱	空调机	抽油烟机	黑白电视	彩色电视	固定电话	移动电话	计算机	照相机
1999	93.59	8.60	–	14.65	3.25	–	–	57.51	26.96	–	–	–	1.41
2000	77.20	12.33	–	18.49	4.63	0.09	0.51	50.86	36.60	10.37	1.09	–	1.76
2001	76.01	14.26	0.39	19.49	5.08	0.09	0.53	48.64	42.02	15.29	2.80	–	1.97
2002	76.33	17.26	–	21.07	6.08	0.15	0.63	46.12	47.98	20.67	6.27	–	2.02
2003	75.16	20.53	–	23.11	6.68	0.22	0.66	41.59	55.76	28.14	13.55	–	1.99
2004	74.80	24.07	–	25.85	7.72	0.32	0.78	37.15	62.57	33.71	21.16	–	2.04
2005	57.94	32.59	–	31.69	10.55	0.81	1.00	22.43	78.40	46.02	44.14	0.42	2.13
2006	59.12	37.14	0.93	35.94	13.38	1.07	1.10	19.09	83.91	51.73	56.58	0.57	2.22
2007	58.08	40.89	–	40,14	17.58	1.62	1.25	13.38	89.65	53.78	74.68	1.06	2.33
2008	57.80	43.80	0.93	43.90	21.10	2.00	1.48	11.30	92.90	53.30	91.30	1.45	2.10
2009	57.00	47.40	1.48	48.50	27.50	2.80	1.92	8.80	96.70	50.10	110.40	2.49	2.30
2010	56.50	51.20	2.31	53.50	35.40	4.00	2.53	7.50	99.30	48.10	127.40	3.94	2.50

❶ 同脚注❾。

（续　表）

年份	自行车	摩托车	汽车	洗衣机	电冰箱	空调机	抽油烟机	黑白电视	彩色电视	固定电话	移动电话	计算机	照相机
2011	38.60	60.80	4.34	62.70	53.00	5.60	3.70	1.60	104.80	30.00	181.50	8.21	2.40
2012	40.60	63.10	5.21	67.70	58.40	7.20	5.10	1.40	105.80	29.10	191.00	10.36	2.90

注：“–”处为缺失数据

资料来源：2000–2013 年中国农村统计年鉴，中国统计年鉴，2011–2013 年中国住户调查年鉴，2000–2010 年中国农村住户调查年鉴[1]

[1] 中国统计年鉴、中国农村统计年鉴和中国（农村）住户调查年鉴关于西部农村居民收入与支出数据具有一致性，此处同时参考三种年鉴，是因为它们在分地区数据列示时可以互相补充。

2.2 边际消费倾向动态变化

收入对消费的影响无疑是非常重要的，英国经济学家凯恩斯（John Maynard Keynes，1883–1946）早在 1935 年就针对收入与消费之间的关系提出了平均消费倾向（APC）和边际消费倾向（MPC）的概念。平均消费倾向是任一收入水平之下的消费支出与可支配收入（或纯收入）之比，边际消费倾向则为消费支出与可支配收入的增量之比，用 C 代表消费支出，Y 代表可支配收入，则有 APC=C/Y，MPC=dC/dY(△ C/ △ Y)。凯恩斯认为△ C 和△ Y 具有相同的变化方向，符号相同，但是消费支出的变化小于可支配收入的变化，即△ C ＜△ Y，同时，凯恩斯还认为随着收入水平的提高，收入和消费支出之间的差距会扩大，即边际消费倾向是递减变化的，在凯恩斯之后，也有学者指出，边际消费倾向在长期中没有递减趋势。

那么，中国西部农村居民的边际消费倾向是如何变化的，对这一问题下面将通过状态空间模型（State Space Model）进行实证分析，数据来源于"表 2-1 中国西部农村居民 1999–2013 年消费支出演变"，为了保证计量模型分析的准确性，以 1978 年为基数对数据进行了平减处理，去除了价格变动因素的影响。

状态空间模型被用来分析经济现象随时间变化的规律，模型中不但包含可观测变量，还包含不可观测变量，不可观测变量称为状态变量。状态空间模型利用强有力的迭代算法——卡尔曼滤波（Kalman Filter）进行估计，将不可观测的状态变量和可观测变量并入模型一起进行估计并得到模型变量的各种估计结果，包括状态变量随时间变化的规律。

考虑到实证分析的目标是边际消费倾向的动态变化规律，将建立线性状态空间模型进行实证分析。线性状态空间模型一般包含两个方程：量测方程（Measurement Equation）和状态方程（State Equation）。

量测方程定义为：$y_t = Z_t a_t + d_t + u_t$，（2-1）

状态方程定义为：$a_t = F_t a_{t-1} + c_t + R_t \varepsilon_t$，（2-2）

上面两式中，T 表示样本长度；y_t 为 $k \times 1$ 维可观测变量；Z_t 为 $k \times$ m 维载荷阵；a_t 是 $m \times 1$ 维的状态向量；d_t 为 $k \times 1$ 维向量，仅影响确定性的可

观测变量值；u_t 为 $k \times 1$ 维向量，是均值为 0 的连续的不相关扰动项；F_t 为 $m \times m$ 维状态矩阵；c_t 为 $m \times 1$ 维向量，仅影响确定性的状态向量期望值；R_t 为 $m \times g$ 维矩阵，ε_t 为 $g \times 1$ 向量，是均值为 0 的连续的不相关扰动项。扰动项 u_t 和 ε_t 相互独立，并且它们和初始状态向量 a_0 也不相关。

根据凯恩斯绝对收入假说，建立如下状态空间模型，以估计中国西部农村居民各类消费支出边际消费倾向的动态变化趋势。

量测方程：$XF_t = mpc_t SHR_t + u_t$， （2-3）

状态方程：$mpc_t = \beta_t mpc_{t-1} + \varepsilon_t$， （2-4）

XF_t 表示西部农村居民每年的不变价格人均消费支出；SHR_t 表示西部农村居民每年的不变价格人均纯收入；mpc_t 表示边际消费倾向的动态变化趋势；u_t 和 ε_t 两个扰动项相互独立，均值为 0，方差为常数并且服从正态分布。

按照式（2-3）和式（2-4）构造的状态空间模型，分别代入食品、衣着、居住、家庭设备及用品、交通通信、文教娱乐、医疗保健、其他以及总消费的历年人均消费支出和人均纯收入平减数值进行估计，可以得到各类消费支出的动态边际消费倾向曲线图，结果见图 2-1 至图 2-9。状态空间模型超参数初始值分别用两种方法赋值，一是系统默认，即使用相应系数向量中的当前值初始化所有的待估计参数；二是自行定义，即用回归方程确定超参数的初值。结果显示，两种赋值方法得出的边际消费倾向曲线图走势相同，表明状态空间模型估计结果具有很好的稳定性。下面将列出各类消费支出边际消费倾向的动态变化曲线图进行分析比较❶。

在图 2-1 和图 2-2 中，实线代表边际消费倾向动态变化趋势，虚线代表 2 倍标准差带。MPCZXF 表示总消费支出边际消费倾向的动态变化趋势，MPCSHP 表示食品消费支出边际消费倾向的动态变化趋势，MPCJZH 表示居住消费支出边际消费倾向的动态变化趋势，MPCYZH 表示衣着消费支出边际消费倾向的动态变化趋势，MPCJSB 表示家庭设备及用品消费支出边际消费倾向的动态变化趋势，MPCJTX 表示交通通信消费支出边际消费倾向的动态变化趋势，MPCWYL 表示文教娱乐消费支出边际消费倾向的动态

❶ 各幅图中的标准差均为 0 值，所以边际消费倾向动态变化曲线与其 2 倍标准差带是重合在一起的。

变化趋势，MPCYBJ 表示医疗保健消费支出边际消费倾向的动态变化趋势，MPCQTA 表示其他类消费支出边际消费倾向的动态变化趋势。

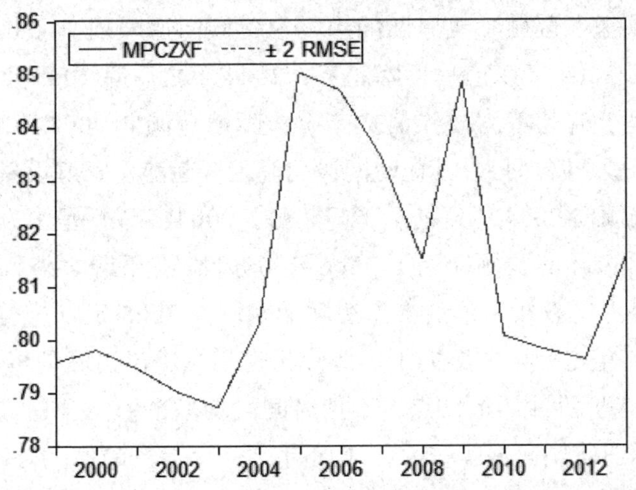

图 2-1　中国西部农村居民总消费支出边际消费倾向动态变化曲线

观察分析图 2-1 中的中国西部农村居民总消费支出边际消费倾向的动态变化曲线，发现：

总消费支出的边际消费倾向在 1999 年至 2013 年 14 年间有上升也有下降，长期来看，有围绕某一均值上下波动的趋势。边际消费倾向变动方向与人均纯收入[1]的变动方向并没有表现出特别明显的相关性，1999 年至 2000 年边际消费倾向呈上升趋势，人均纯收入也呈上升趋势；2000 年至 2003 年边际消费倾向呈下降趋势，人均纯收入先下降后上升；2003 年至 2005 年边际消费倾向呈上升趋势，人均纯收入先上升后下降；2005 年至 2008 年边际消费倾向呈下降趋势，人均纯收入呈上升趋势；2008 年至 2009 年边际消费倾向呈上升趋势，人均纯收入呈上升趋势；2009 年至 2012 年边际消费倾向呈下降趋势，人均纯收入呈上升趋势；2012 年至 2013 年边际消费倾向呈上升趋势，人均纯收入呈上升趋势。可以推断，西部农村居民边际消费倾向的变化除了受到人均纯收入影响之外，也同时受到其他非收入因素的影响，并且影响较大。

观察分析图 2-2 中的中国西部农村居民各类消费支出边际消费倾向的动态变化曲线，有以下发现：

[1] 此处指不变价格人均纯收入。

（1）食品消费支出的边际消费倾向在 1999–2003 年呈下降趋势，2003–2005 年呈上升趋势，2005–2013 年则一直呈下降趋势，总体呈下降趋势。食品消费支出基本遵循了凯恩斯的边际消费倾向递减规律。衣着消费支出边际消费倾向 2004 年以前呈下降趋势，2004 年之后除 2008 年有一个低点之外，基本呈上升趋势。居住消费支出边际消费倾向 2003 年至 2004 年和 2009–2012 年呈下降趋势，其他时间段均呈上升趋势。家庭设备及用品消费支出边际消费倾向 2004 年以前呈下降趋势，2004 年以后呈上升趋势。交通通讯消费支出边际消费倾向除了 2006–2008 年略有下降之外，其他时间段均呈上升趋势。文教娱乐消费支出边际消费倾向 2005 年以前震荡向前并略有上升，2005 年之后则一路向下。医疗保健消费支出边际消费倾向在 2008 年和 2010 年有阶段性两个低点，其他时间段均呈平稳上升趋势。其他类消费支出的边际消费倾向振幅较大，2010 年之后呈上升趋势。

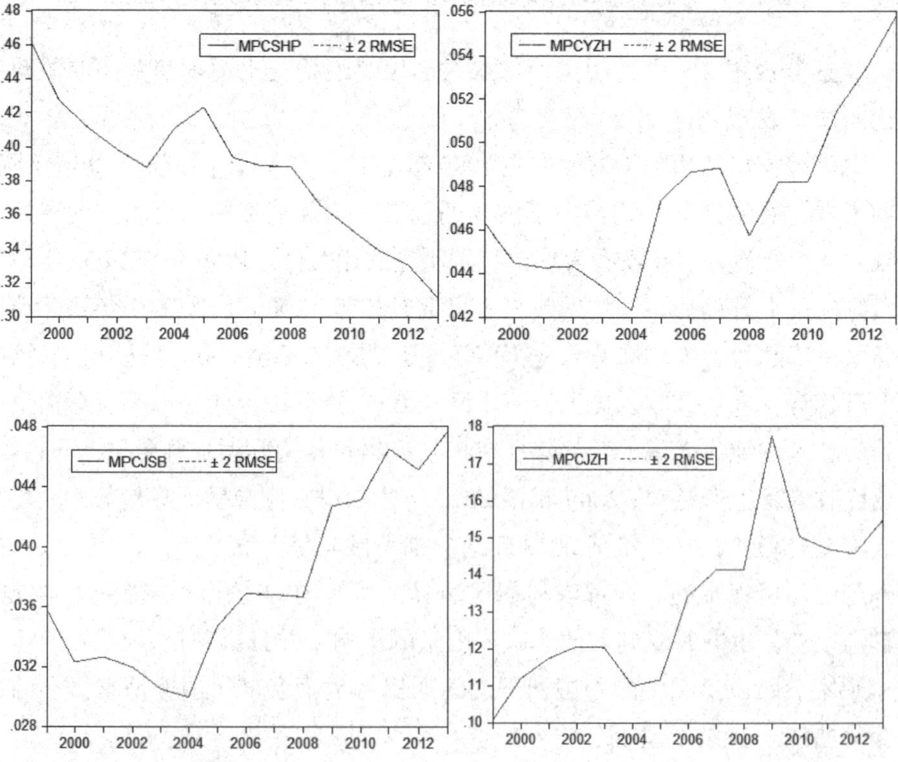

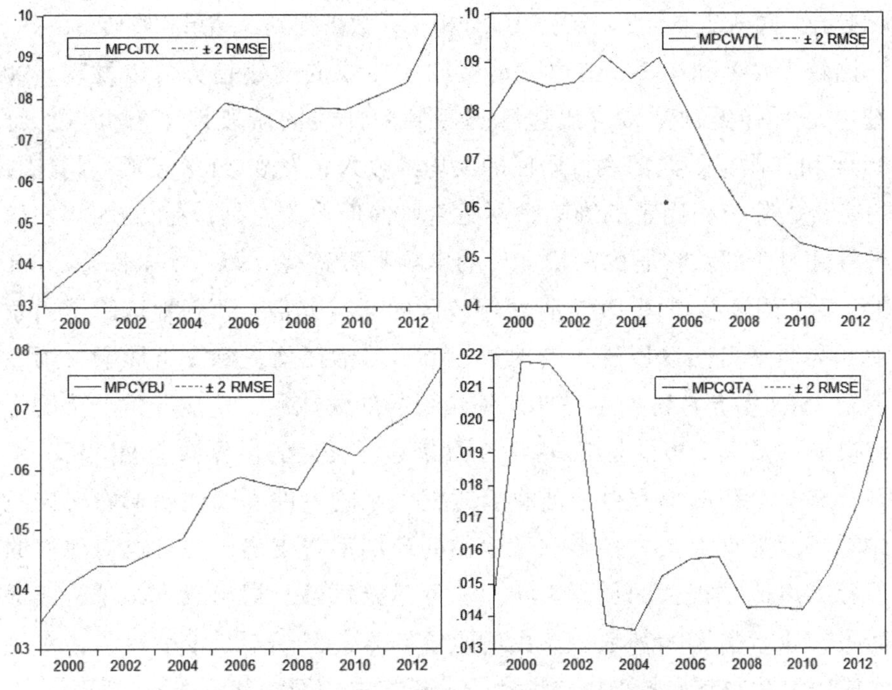

图 2-2　中国西部农村居民八类消费支出边际消费倾向动态变化曲线

（2）在八类消费支出中，食品消费支出的边际消费倾向和文教娱乐消费支出的边际消费倾向总体呈下降趋势，另外六类消费支出除其他类消费支出之外均呈现明显的上升趋势。一方面，食品消费支出在各类消费支出中具有基础作用，“民以食为天”，食品是人们生存和发展必不可缺的消费资料，随着生活水平的提高，食品已经基本满足了人们的消费需求，人们逐渐把更多的收入投入到其他消费用品和服务之上；文教娱乐消费支出边际消费倾向下降的原因与 2.1 节中对文教娱乐消费支出随时间发展变化原因的分析相同，但是，同时也应该注意进一步提高西部农村居民的文化教育水平，创建有利于西部农村居民进行娱乐消费的环境和条件。另一方面，通过图 2-2 也看出衣着、居住、家庭设备及用品、交通通讯、医疗保健等消费支出远未满足人们的消费需求，随着收入的增加和生活水平的提高，人们将会在较长一段时期内逐步加大对这些消费项目的投入，其消费前景非常广阔。对衣着、居住、家庭设备及用品、交通通讯和医疗保健等 5 类消费支出的边际消费倾向 1999–2013 年的年均增长率进行估算，分别得到 1.36%、3.03%、2.07%、8.01%、5.69%，可以发现，交通通讯消费支出的边际消费倾向提高最快，交通通讯消费支出增长速度超过其他类别的消费支出，这一结果与2.1节中通过分析统计数据得到的结果相吻合。

比较图2-1和图2-2中边际消费倾向曲线的变化趋势可以发现，2008年基本是所有类别消费支出边际消费倾向曲线的阶段性年份低点。对比2008年和其他年份西部农村居民的人均纯收入，发现2008年的人均纯收入无论是否去除价格因素的影响都不是阶段性低点，但是，在2008年发生的三个事件对西部农村居民消费支出的影响不容忽视。第一个事件是2008年1月份发生的波及中国19个省级行政区的冰雪灾害，西部地区除了内蒙古自治区和西藏自治区以外，其他省、市、自治区均受到灾害影响；第二个事件是2008年5月份发生在四川省汶川县的大地震，造成非常严重的生命财产损失；第三个事件是2008年9月份蔓延开来的世界性金融危机。不难看到，这三个和西部农村地区有着紧密关联的事件不仅使西部农村居民的生命财产遭受重大损失，影响了他们的现期消费支出，并且也对他们的预期消费支出造成极大的负面影响。从上述分析可以得出以下结论，西部农村居民的收入是影响其消费支出的重要因素，但却不是唯一因素，对于西部农村居民消费支出各项影响因素的分析将在后面章节里详细展开。

对于五类消费支出的边际消费倾向呈上升变化趋势有以下分析：

与凯恩斯的边际消费倾向递减规律所说的变化方向正好相反，五类消费支出边际消费倾向在“递增”，意味着这些消费支出还没有完全满足中国西部农村居民的基本消费需求，人们对这些消费品（服务）的需求仍处于初级阶段。收入水平的提高远未满足人们现实与潜在的消费需求，人们被抑制的消费需求仍未得到充分、完全的释放。恩格尔系数表明中国西部农村居民的生活消费已经达到富裕水平，应该对这一结果持谨慎乐观态度。

在上述分析中，我们实际上已经对凯恩斯边际消费倾向递减规律的基本含义进行了拓展，认为这一规律是有前提条件的。对于消费需求受到一定程度抑制的人群，边际消费倾向在递减之前应该有一个递增的过程，只有当人们的基本消费需求得到满足之后，边际消费倾向才由递增变为递减。该推断虽然没有充分的实证数据作为依托，但是，依据消费者的消费效用❶概念的含义以及边际效用递减规律是可以得出这一结论的。

❶ 效用是指商品满足人的欲望的能力评价，或者说，效用是指消费者在消费商品时所感受到的满足程度。

2.3　本章小结

本章从多个角度、多个层次对中国西部农村居民的消费结构随时间演变的态势进行了分析和定位，按照恩格尔系数的划分标准，从总体上来看，西部农村居民的生活消费已经达到富裕水平。西部农村居民的生存型消费需求基本得到满足，发展型和享受型消费支出有着强劲的发展势头。消费品商品化率逐步提高，各类消费品从追求量的满足到追求质、量并重的满足，消费结构不断受到优化，消费档次得到很大提升。但是，依据衣着、居住、家庭设备及用品、交通通讯、医疗保健等五类消费支出的边际消费倾向动态变化上升趋势，可以判定中国西部农村居民的消费支出水平仍然处于比较低级的发展阶段，应该对恩格尔系数显示出的结果持谨慎乐观态度。

同时，利用状态空间模型对中国西部农村居民各类消费支出边际消费倾向的动态变化趋势进行分析，从消费支出与收入增量变化关系的角度，进一步验证并阐述了西部农村居民各类消费支出的变化趋势。另外，通过变量的统计描述分析和状态空间模型实证检验，对西部农村居民消费结构的影响因素得出初步结论，西部农村居民的收入水平对其各类消费支出有重要影响，同时，其他非收入因素对各类消费支出的影响也不可忽视，诸如不确定性预期、社会保障制度的建立与实施、基础设施建设等因素都会对西部农村居民的消费支出产生促进或抑制作用，关于收入及非收入因素对消费支出的影响作用，将在后面的章节中进一步分析和研究。

此外，在对衣着、居住、家庭设备及用品、交通通信、医疗保健等五类消费支出边际消费倾向动态变化趋势的分析中，对凯恩斯边际消费倾向递减规律的基本含义进行了拓展，认为这一规律是有前提条件的。对于消费需求受到一定程度抑制的人群，边际消费倾向在递减之前应该有一个递增的过程，当人们的基本消费需求得到满足之后，边际消费倾向才由递增变为递减。该推断虽然没有充分的实证数据作为依托，但是，依据消费者消费效用概念的含义以及边际效用递减规律是可以得出这一结论的。

第3章　中国西部农村居民消费结构横向比较

为了进一步定位中国西部农村居民消费结构变动状态，本章将对中国西部城乡居民和国外一些代表性国家居民的消费结构进行比较分析，以期判定中国西部农村居民当前消费结构所处阶段和未来走向。并通过比较分析同等收入条件下的中国西部城乡居民各项消费支出构成情况，探究西部农村居民的消费支出能力是否得到充分释放。另外，依据 ELES 模型估计结果，对中国西部城乡居民的边际消费倾向、平均消费倾向、基本消费支出、需求自（互）价格弹性等变量展开分析。

3.1 国内外消费结构比较

3.1.1 中国西部城乡居民消费结构比较

考虑到消费观念和消费行为的同一性，选择地域环境相似度比较高的中国西部城镇和中国西部农村居民的消费结构进行比较分析，观察城乡居民消费结构变动的异同，定位中国西部农村居民当前消费水平所处的发展阶段，预测其未来消费结构的变动方向。

图 3-1 和图 3-2 分别为中国西部农村居民和城镇居民 1999–2013 年 14 年间的消费结构变动趋势曲线，从图中可以明显看出，除食品消费支出之外的其他各类消费支出构成比例比较集中，食品消费支出占比远远高于其他七类消费支出占比。

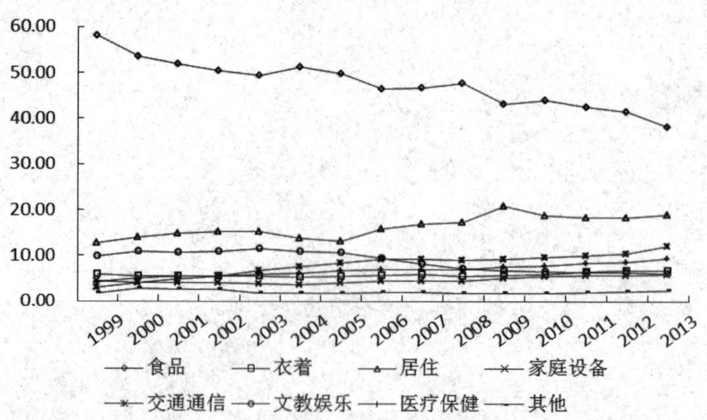

图 3-1 中国西部农村居民八类消费支出占比变动趋势（%）

资料来源：2000–2014 中国农村统计年鉴

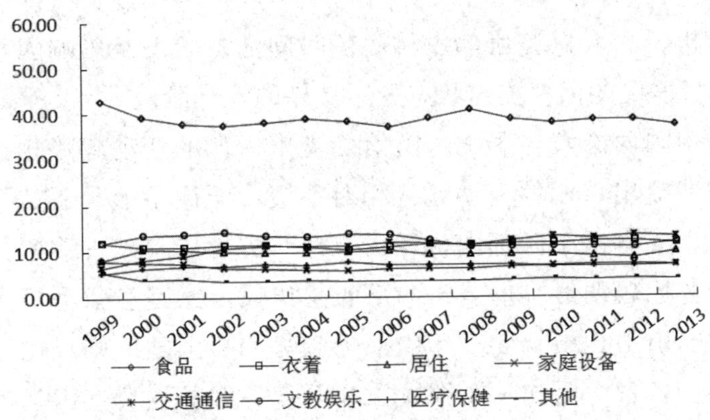

图 3-2　中国西部城镇居民八类消费支出占比变动趋势（%）

资料来源：2000-2014 中国统计年鉴

比较图 3-1 和图 3-2 中有以下发现：

（1）1999–2013 年的 14 年间，中国西部农村居民的食品消费支出比重呈明显下降趋势，下降速度快于西部城镇居民，西部农村居民年下降速度为 2.94%，西部城镇居民年下降速度为 1.01%。西部农村居民的食品消费占比高于西部城镇居民，但是至 2013 年为止，西部城乡居民食品消费支出占比差距逐年缩小，1999 年两者相差 15.25 个百分点，到 2013 年则仅相差 1.1 个百分点，表明西部城乡居民的消费支出差距有逐年缩小的趋势。

西部城镇居民与农村居民的食品消费占比均远远高于其他各类消费支出的占比，就 2013 年而言，西部城镇居民的食品消费支出占比为 37.07%，比最低的其他类消费支出的 3.57% 高出 33.5 个百分点；西部农村居民的食品消费支出占比为 38.17%，比最低的其他类消费支出的 2.49% 高出 35.68 个百分点，表明西部城乡居民各类消费支出的均衡性还需要得到进一步改善。

（2）除了食品和文教娱乐消费支出占比呈下降趋势之外，中国西部农村居民其他六类消费支出占比均呈明显上升趋势。1999–2013 年，占比增幅最大的是交通通讯消费支出，14 年间增长了 296.26%，其次是医疗保健消费支出，14 年间增长了 117.95%。文教娱乐消费支出占比下降的原因在前文已有阐述，这里需要说明的是，西部农村居民文教娱乐消费支出占比低并不意味着他们的需求低，占比低的一部分他们的文教娱乐消费项目比较单一，可供选择的消费内容比较少，并且有些消费内容没有涉及货币消费支出。本文将在后面的章节中专门针对西部农村居民的文教娱乐消费时间展开深度分析，深入探究西部农村居民时间消费状态及影响因素。总体而言，西部农村居民的消费支出状态处于良好的上升阶段。

（3）与中国西部农村居民八类消费支出占比的变动趋势相比较，西部城镇居民消费支出占比的变动趋势相对平缓，无论是上升还是下降，幅度和速度都小于或者慢于西部农村居民。在八类消费支出占比中，交通通讯占比上升趋势比较明显，但弱于西部农村居民。家庭设备消费支出占比和其他类消费支出占比最初 3–6 年内下降趋势明显，随后则以比较平稳的趋势向前发展。衣着、居住、文教娱乐和医疗保健等消费支出基本以波浪形趋势变化发展。在 1999 年 –2013 年间的后期，各类消费支出所占比重保持基本稳定，变动幅度较小。各类消费支出占比变动趋势表明，西部城镇居民的消费水平正在面临某一临界点的突破，消费潜力需要进一步激发。

（4）除了食品消费支出占比均远远高于其他消费支出占比之外，中国西部城乡居民各类消费支出占比之间的差异有所不同。西部城镇居民各类消费支出占比相差较小，西部农村居民各类消费支出占比相差较大。以 2013 年为例：按照衣着、居住、家庭设备、交通通讯、文教娱乐、医疗保健和其他等七类消费支出的顺序列出占比，西部城镇居民各项消费支出占比为 11.51%、9.57%、6.67%、12.99%、11.93%、6.69%、3.57%；西部农村居民各项消费支出占比为 6.84%、18.98%、5.85%、12.09%、6.12%、9.46%、2.49[1]。城乡居民居住消费支出包括的内容不同，除去居住消费支出占比，比较其他六类消费支出占比的城乡差异，可以看出，西部城镇居民各类消费支出占比比西部农村居民各类消费支出占比的分布要相对均匀，城镇居民的消费结构均衡性优于农村居民。

3.1.2 美国、英国、日本和韩国与中国城乡居民消费结构比较

美国、英国、日本和韩国都属于发达国家行列，经济发展起步较早，国民收入较高，各项公共基础设施比较完善，金融体系发达，消费环境良

[1] 中国西部城镇居民居住消费支出中不包括新建（购）房屋，也不包括自有住房虚拟租金；中国西部农村居民居住消费支出中包括新建（购）房屋。

好。美国位于北美洲，英国位于欧洲，美国和英国是西方消费文化的典型代表；日本和韩国同处于亚洲，文化深受中国儒家文化的浸润和影响，其国民消费支出状态也具有一定的典型性和代表性。

图3-3至图3-6分别为美国、英国、日本和韩国各类消费支出占比变动趋势曲线。鉴于数据的可得性，美国、英国和日本的消费支出占比数据均从1992年开始，韩国的消费支出占比数据从1994年开始，美国、英国和韩国的消费支出占比数据截至2011年，日本的消费支出占比数据截至2010年。

在《国际统计年鉴》中，1996（含）年以前各个国家的消费支出分为九类，食品和饮料、服装和鞋类、住房❶、燃料和能源、家用设备、医疗保健、交通和通讯、教育和休闲娱乐以及其他类消费支出；1999年则开始将“饭店和旅馆”单独作为一类消费支出从其他类消费支出中分离出来，并且在家用设备消费支出一项中加入“住房日常维护支出”；2002开始将“酒精饮料、烟草和麻醉品”单独作为一类消费支出从食品消费支出中分离出来，同时，交通通信分为“交通”和“通信”两项，教育、休闲和娱乐分为“休闲与文化”和“教育”两项。为了便于比较分析，我们仍将各项分离出来的消费支出类别合并到原来的消费支出类别之中，各个国家消费支出占比变动趋势曲线如图3-3至图3-6所示。

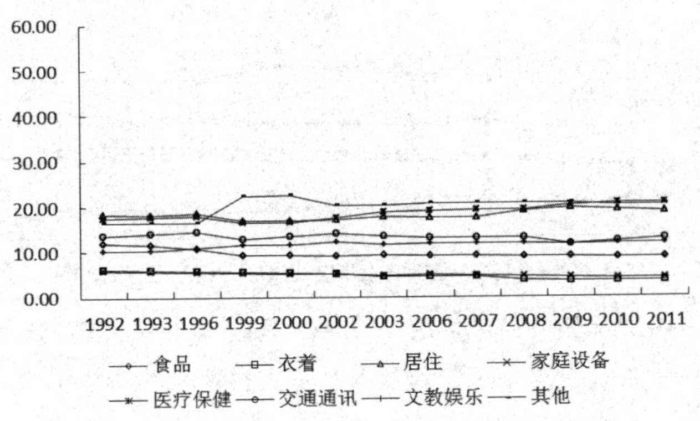

图3-3　美国居民八类消费支出占比变动趋势（%）

资料来源：1995-2013国际统计年鉴

❶ 美国、英国、日本和韩国等国家的住房消费支出不包括购买的住房，但包括自有住房的虚拟租金。

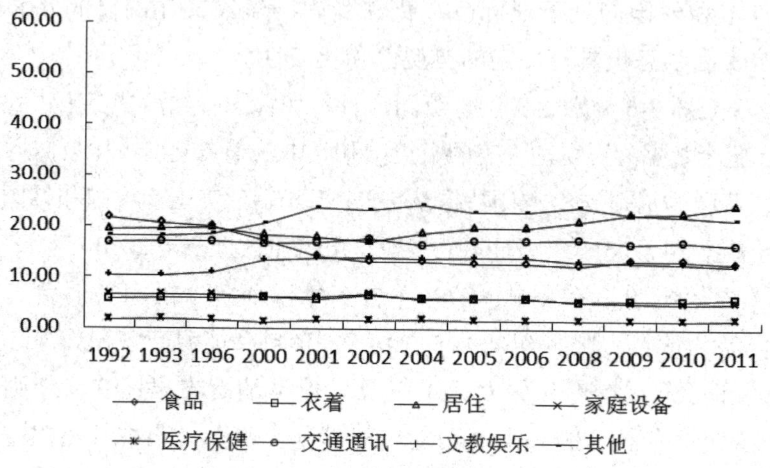

图 3-4 英国居民八类消费支出占比变动趋势（%）

资料来源：1995-2013 国际统计年鉴

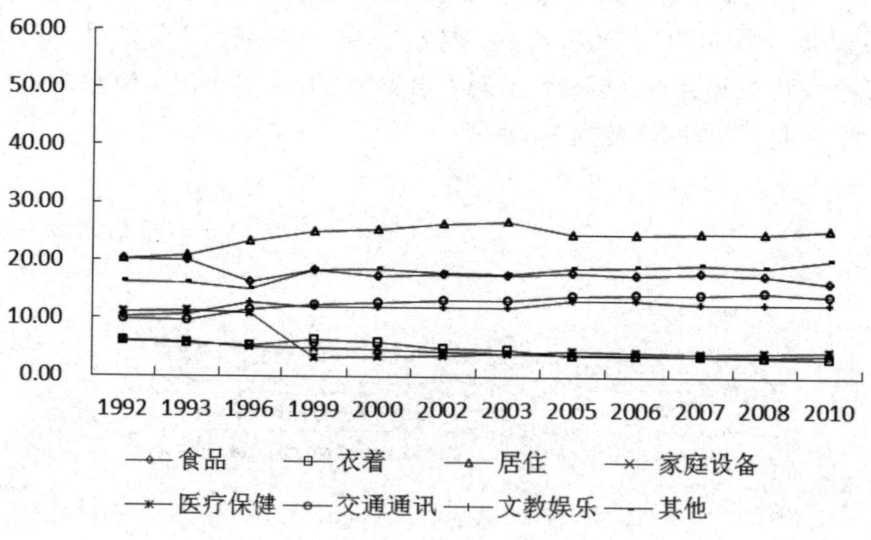

图 3-5 日本居民八类消费支出占比变动趋势（%）

资料来源：1995-2013 国际统计年鉴

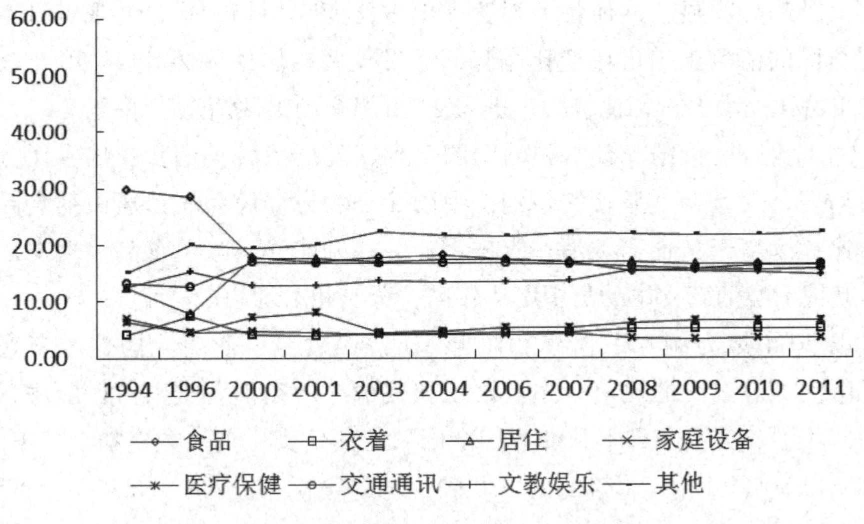

图 3-6　韩国居民八类消费支出占比变动趋势（%）
资料来源：1995-2013 国际统计年鉴

依据图 3-3 至图 3-6 并结合图 3-1 和图 3-2 可以看出：

（1）美国、英国、日本和韩国的食品消费支出占比均不处于“远离”其他七类消费支出“高高在上”的位置，也不是消费占比最多的消费支出类别。四个国家的食品消费支出占比在考察时间段初期均有明显下降趋势，但随后即以比较平缓的趋势变动，美国居民食品消费支出占比平缓下降，英国、日本和韩国居民食品消费支出占比呈波浪式变动。

（2）美国居民消费支出占比上升趋势比较明显的是医疗保健消费，2009 年之后的交通通讯消费支出占比上升趋势也非常明显，衣着消费支出和家庭设备消费支出占比呈下降趋势，居住消费支出占比先升后降，其他类和文教娱乐消费支出占比变化趋于平稳。英国居民居住消费支出占比上升趋势明显，2008 年之后，其他类、交通通信和文教娱乐消费支出占比均有阶段性下降趋势，衣着消费支出占比则有阶段性上升趋势，家庭设备和医疗保健消费支出占比则趋于平稳。

（3）日本居民其他类与交通通信消费支出占比表现出比较明显的上升趋势，居住消费支出占比在 2005 年有一次明显下滑，之后又重拾升势，医疗保健和家庭设备消费支出占比在 2005 年之后均有明显的阶段性上升趋势，文教娱乐与衣着消费支出占比则呈下降趋势。韩国居民医疗保健消费支出占比上升趋势明显，其他各类消费支出占比变动均趋于平稳。观察日本和韩国居民的消费支出占比变化趋势，还发现两国居民在20世纪90年代消费支出占比变动的振幅比较大，进入21世纪变动则逐渐趋于平缓。

（4）美国、英国、日本和韩国四个国家的居民各类消费支出占比分布相对均匀，没有特别显著的差别，中国西部农村居民和城镇居民的食品消费占比远远高于其他七类消费支出占比，差别明显，除了食品消费支出之外，其他七类消费支出的集中度比较高，分布相对均匀。

以2011年为例(日本为2010年)，按照食品、衣着、居住、家庭设备、医疗保健、交通通信、文教娱乐和其他等八类消费支出占比顺序，分别列出美国、英国、日本和韩国四个国家的消费支出占比数据如下：美国，8.67%，3.50%，18.68%，4.11%，20.60%，12.68%，11.64%，20.12%；英国，12.79%，5.95%，24.06%，5.07%，1.81%，16.53%，12.27%，21.50%；日本，16.24%，3.26%，25.37%，3.89%，4.47%，14.06%，12.53%，20.17%；韩国，15.63%，5.14%，16.29%，3.34%，6.59%，16.37%，14.62%，22.00%。上述美国、英国、日本和韩国四个国家居民各类消费支出占比的最大差异分别为17.10、22.25、22.11、18.66个百分点。中国西部农村居民食品消费支出占比超过35%，居住消费支出占比超过15%，其余六类消费支出占比均小于15%；中国西部城镇居民食品消费支出占比超过35%，其余七类消费支出占比均小于15%。

2011年，美国居民消费支出占比位于前三位的是医疗保健、其他、居住消费支出占比，英国居民消费支出位于前三位的是居住、其他、交通通讯消费支出占比，韩国居民消费支出位于前三位的是其他、交通通信、居住消费支出占比；2010年，日本居民消费支出占比位于前三位的是居住、其他、食品消费支出占比。2011年，中国西部农村居民消费支出占比位于前三位的是食品、居住、交通通信。

（5）美国、英国、日本和韩国四个国家，居民消费支出占比由于社会环境和自然环境的差别而各有特点，同时又有一些共同的特征。和中国城乡居民相比，食品消费支出占比大幅度下滑，不再是占比最高的消费支出，食品消费支出占比已经“融入”到其他类别的消费支出占比中去了；其他类消费支出占比跃升速度快，跃升幅度大，截止到考察时间段后期，已经稳稳地处于八类消费支出的前两位；衣着消费支出占比处于八类消费支出的底端；除美国之外，其他三个国家的医疗保健消费支出占比与衣着消费支出一样也处于各类消费支出占比的底端；居住消费支出占比处于各类消费支出的高端，并且有良好的增长趋势；各类消费支出占比的变动幅度整齐且趋于平缓。

通过和中国西部城镇居民以及美国、英国、日本和韩国等代表性国家的消费支出占比变动情况进行对比，关于中国西部农村居民消费支出的特点有以下结论：

依据恩格尔系数衡量，中国西部农村居民的消费支出水平已经达到富裕水平，随着社会的进步和经济的发展，中国西部农村居民的消费水平逐步提高，消费结构日趋合理，各类消费支出增长迅速，增长势头强劲，有非常大的待挖掘的消费潜力。但是，通过国内外横向比较也可以看到，中国西部农村居民的消费水平和消费结构仍然处于相对低级的发展阶段，在各类消费支出占比中，生存型消费占比较大，发展型消费和享受型消费占比较小；食品消费支出占比偏高，其他七类消费支出占比偏低、集中度较高。西部农村居民较高层次的消费支出空间有待得到进一步开发拓展，消费支出结构需要进一步调整以达到更高层次的均衡水平。

3.2　同等收入条件下西部城乡居民消费结构比较

依据第二章中国西部农村居民的人均消费支出与人均纯收入统计数据分析，可以看出收入对消费的影响是非常重要的，关于收入与消费的关系，历来是国内外专家学者关注的重点，从绝对收入到相对收入，再到持久性收入和暂时性收入，经典消费理论基本都涉及收入对消费支出的影响。但是，在收入之外，其他因素对中国西部农村居民的消费支出有什么影响，收入对消费支出的影响是否受到其他因素的制约，这些问题都值得讨论和研究。本节将比较收入水平相同条件下的中国西部城镇和农村居民的消费结构状态，探讨中国西部农村居民消费结构是否随收入水平的提高而得到了充分的提升。

中国西部城乡居民 1999–2013 年的人均可支配收入与人均纯收入在表 3-1 中列出，并且以 1978 年为基年根据各自的消费价格指数进行了平减。

表3-1 中国西部城乡居民收入比较

	年份	1999	2000	2001	2002	2003	2011	2012	2013
城镇居民人均可支配收入	当年价格	5341.51	5486.21	6017.49	6674.82	7235.39	18159.40	20600.18	22710.13
	不变价格	1471.49	1402.76	1481.01	1566.28	1586.30	2260.47	2385.45	2479.72
农村居民人均纯收入	当年价格	1578.18	1661.03	1721.19	1820.87	1936.01	5246.75	6026.61	6833.58
	不变价格	444.18	447.36	443.61	446.23	472.82	674.90	709.36	740.27

注：鉴于分析目的，2004–2010 年数据没有列出（资料来源：2000–2014 年中国统计年鉴）

从表 3-1 中可以看出，以 1978 年为基年平减后的城乡收入差别很大，在 1999–2013 年时间段内没有可比性。选择以当年价格计算的城乡收入进行比较分析，同时，各类消费支出也以当年价格计算，这样并不影响本节分析的可靠性。通过对比发现，中国西部城镇居民 2001 年和 2002 年的人均可支配收入 6017.49 元和 6674.82 元与西部农村居民 2012 年和 2013 年的人均纯收入 6026.21 元和 6833.58 元基本处于相同收入水平，所以，选择西部城镇居民 2001 年和西部农村居民 2012 年、西部城镇居民 2002 年和西部农村居民 2013 年的消费支出进行对比分析。

从表 3-2 中可以看出：

（1）中国西部城镇居民 2001 年的消费总支出高于西部农村居民 2012 年的消费总支出，西部城镇居民的恩格尔系数低于西部农村居民，西部农村居民 2012 年消费支出占比最大值与最小值之差为 39.33%，同等收入下的西部城镇居民 2001 年的最大与最小占比差值则为 33.59%。城乡居民的居住消费支出包含的消费内容不同，不具有可比性，西部农村居民除了交通通信、食品和医疗保健消费支出高于西部城镇居民之外，其他各类消费支出均低于西部城镇居民，而交通通信用品和服务 2012 年在社会生活中的普及程度要高于 2001 年。同时，我们注意到，2012 年西部农村居民的人均纯收入略高于 2001 年城镇居民的人均可支配收入。结果表明，在收入相同甚至略高的情况下，西部农村居民的消费支出水平仍然低于西部城镇居民。

表3-2　同等收入条件下中国西部城乡居民消费支出比较

年份	食品	衣着	居住	家庭设备	交通通信	文教娱乐	医疗保健	其他	总消费	收入
2001（城）	1827.48	530.44	501.42	356.07	432.73	669.14	325.93	200.45	4843.65	6017.49
2012（乡）	1992.20	322.00	877.80	272.00	503.90	306.30	419.00	105.00	4798.40	6026.61
2002（城）	2043.43	614.04	539.36	351.61	583.38	780.83	369.97	188.32	5470.95	6674.82
2013（乡）	2127.54	381.27	1057.74	325.79	673.59	341.14	527.19	139.01	5573.28	6833.58
2001（城）	37.73	10.95	10.35	7.35	8.93	13.81	6.73	4.14	100.00	
2012（乡）	41.52	6.71	18.29	5.67	10.50	6.38	8.73	2.19	100.00	
2002（城）	37.35	11.22	9.86	6.43	10.66	14.27	6.76	3.44	100.00	
2013（乡）	38.17	6.84	18.98	5.85	12.09	6.12	9.46	2.49	100.00	

注：表中下半部分为各类消费支出占总消费比重（资料来源：2002、2003、2013和2014 中国统计年鉴）

（2）中国西部农村居民2013年的总消费支出高出西部城镇居民2002年总消费支出1.87%，西部农村居民2013年人均纯收入高出西部城镇居民人均可支配收入2.38%，较高的收入并没有带来适当比例的消费支出的提升。另外可以发现，西部农村居民2013年的恩格尔系数高于西部城镇居民2002年的恩格尔系数，西部农村居民2013年消费支出占比的最大值与最小值之差为35.68%，西部城镇居民2002年最大与最小占比差值则为33.91%。就消费支出绝对数而言，西部农村居民2013年的食品、居住、交通通信和医疗保健消费支出高于西部城镇居民2002年相对应的消费支出数据，西部农村居民居住消费支出包括新建（购）房屋，2013年交通通信的社会普及程度大于2002年，因此，西部农村居民的居住与交通通信消费支出高于西部城镇居民不仅仅是其收入水平提高的结果。此外，西部农村居民医疗保健消费支出增长应该缘于以下原因，一是西部农村居民在收入提高的情况下对身体健康越来越重视，二是西部农村居民的医疗负担过重，这也表明西部农村地区的社会医疗保障力度有待进一步加强。

（3）比较中国西部城乡居民同等收入条件下的消费支出可以发现，西部农村居民各项消费支出无论是支出的绝对数值，还是各类消费支出占比之间的均匀性，均低于（差于）同等收入条件下、甚至是收入略低条件下的西部城镇居民。因此可以推断，西部农村居民的消费支出数量和质量除受到收入水平影响的外，还受到其他因素的影响，并且这种影响是负向的。在同等收入条件下，如果改善其他影响因素存在的条件，西部农村居民可以实现更高水平的消费支出，在后面的章节中，将对西部农村居民消费支出的影响因素进行综合分析，研究各类因素的影响显著程度、大小和方向并针对存在的问题寻找改善措施。

3.3 西部城乡居民消费结构ELES模型实证比较

扩展的线性支出系统模型（Extend Linear Expenditure System，简称为ELES模型）是经济学家Luch于1973年在线性支出系统模型（Linear Expenditure System，简称LES）的基础上提出来的。ELES模型假定消费者理性，并假设消费品需求数量由消费者的收入水平和消费品价格水平决定，不同消费者对于每类消费品的边际消费倾向相同，同时认为消费者的需求可分为基本需求和非基本需求。ELES 模型依据的理论基础是马歇尔需求函数，设定消费者在一定收入的约束条件下追求效用最大化。

ELES 模型的表达式为：

$$V_i = V_i^0 + b_i\left(I - \sum_{j=1}^{n} V_j^0\right),\quad i, j = 1, 2, 3, \quad , n \tag{3-1}$$

（3-1）式中的变量含义为：V_i 代表消费者花费在第 i 类商品和服务上的消费支出，V_i^0 代表消费者花费在第 i 类商品和服务上的基本消费支出，$\sum V_j^0$ 代表消费者花费在各类商品和服务上的基本消费支出的总和，I 代表消费者的收入水平，b_i 代表消费者的边际消费倾向，由于假定各类消费者的边际消费倾向相同，所以 b_i 应满足条件 $0 \leqslant b_i \leqslant 1$，$\sum b_i \leqslant 1$。

将（3-1）式变形可得：

$$V_i = V_i^0 - b_i \sum_{j=1}^{n} V_j^0 + b_i I \tag{3-2}$$

设 $a_i = V_i^0 - b_i \sum_{j=1}^{n} V_j^0$，可得 $V_i = a_i + b_i I$ （3-3）

可以看到（3-3）式只包含消费支出和收入两个容易获得的变量，利用（3-3）式可直接进行模型估计。

通过计算整理，还可以得到多个用来分析居民消费需求的式子如下。

（1）各类商品和服务的基本消费支出：

$$V_i^0 = a_i + b_i \frac{\sum a_i}{1 - \sum b_i} \tag{3-4}$$

（2）各类商品和服务的收入弹性为：$e_i = \dfrac{b_i I}{V_i}$ （3-5）

（3）各类商品和服务的自价格弹性为：$e_{ii} = \left(1 - b_i\right)\dfrac{V_i^0}{V_i} - 1$ （3-6）

（4）各类商品和服务的互价格弹性为：$e_{ij} = -b_i \dfrac{V_j^0}{V_i}$ （3-7）

为进一步研究中国西部农村居民的当前消费支出状态，下面将利用中国西部农村和西部城镇居民 2013 年各类消费支出的截面数据进行 ELES 模型估计。鉴于模型数据处理结果的有效性和可靠性，西部城乡居民人均消费支出与人均收入分别采用按收入等级划分的西部12省（自治区、市）的数据，数据来源于西部各省（自治区、市）的2014年统计年鉴，各省（自治区、市）统计年鉴与中国统计年鉴的数据系统相同，在保证数据充分性的同时，也兼顾了数据的一致性。模型变量数据利用计量经济学分析软件Eviews6.0进行处理分析，由于模型回归估计采用截面数据，运用加权最小二乘法与异方差和自相关相容协方差估计方法消除异方差，参数估计结果如表3-3和表3-4所示。

表3-3　中国西部城乡居民2013年ELES模型参数估计结果

类别		食品	衣着	居住	家庭设备	交通通讯
b_i	农村	0.094*** （7.127）	0.024*** （5.983）	0.057*** （2.727）	0.026*** （4.440）	0.053*** （10.212）
	城镇	0.158*** （8.355）	0.067*** （11.506）	0.057*** （4.374）	0.037*** （10.246）	0.075*** （6.927）
a_i	农村	1423.847*** （16.382）	232.008*** （8.875）	800.475*** （4.352）	143.865*** （4.944）	264.883*** （6.041）
	城镇	2133.612*** （5.948）	294.537** （2.624）	502.743* （1.980）	236.430* （1.836）	867.466* （1.728）

表3-4　中国西部城乡居民2013年ELES模型参数估计结果

类别		文教娱乐	医疗保健	其他	总消费
b_i	农村	0.044*** （5.893）	0.025*** （3.401）	0.010*** （5.425）	0.3322*** （8.4174）
	城镇	0.052*** （5.577）	0.022*** （4.547）	0.028*** （13.279）	0.5220*** （18.5073）
a_i	农村	144.749*** （2.991）	385.400*** （7.215）	44.699*** （3.806）	3439.9260*** （9.9977）
	城镇	530.140*** （2.908）	566.872*** （5.632）	-85.0988* （-1.9598）	3992.7880*** （7.2987）

注：括号里面的数值为t检验值，*** 表示估计参数在1%的水平上显著，** 表示估计参数在5%的水平上显著，* 表示估计参数在10%的水平上显著

从表 3-3 和表 3-4 中可以看出，西部城乡居民各项消费支出 ELES 模型的估计参数均在 1%–10% 的水平上显著，18 个模型拟合良好，西部城乡居民人均纯（可支配）收入对各类消费支出均有显著影响，下面将根据回归结果对西部农村居民消费现状作进一步分析。

依据表 3-5 中的数据，仅就中国西部农村居民而言，食品消费支出的边际消费倾向最大，其值为 0.09，这意味着中国西部农村居民人均纯收入每增加 1 元，人均食品消费支出就会增加 0.09 元，食品消费支出仍然是中国西部农村居民生活消费支出的最重要组成部分，西部农村居民的总体生活水平仍然有待提高。边际消费倾向比较大的还有居住、交通通信和文教娱乐。居有所住一直是我国居民生活中所追求的重要目标之一，当人们的收入提高之后，除了满足基本的吃穿需求之外，居住随之也成为人们重点投入的消费项目。另外，随着社会经济的发展和眼界视野的拓宽，人们越来越不满足相对封闭的、低效率的农村生活和劳作环境，拓展生活和工作空间范围的需求越来越迫切，交通通信消费支出已经成为逐渐富裕起来的西部农村居民的必要消费支出项目。文教娱乐具有较高的边际消费倾向说明西部农村居民已不再满足于吃穿住行等最基本的生活需求，开始关注自身素质的提高与精神层面的享受。

表3–5　中国西部城乡居民2013年消费倾向比较

类别		食品	衣着	居住	家庭设备	交通通讯	文教娱乐	医疗保健	其他	总消费
农村	边际消费倾向	0.09	0.02	0.06	0.03	0.05	0.04	0.03	0.01	0.33
	平均消费倾向	0.31	0.06	0.15	0.05	0.10	0.05	0.08	0.02	0.82
城镇	边际消费倾向	0.16	0.07	0.06	0.04	0.08	0.05	0.02	0.03	0.52
	平均消费倾向	0.26	0.08	0.07	0.05	0.09	0.08	0.05	0.03	0.70

资料来源：2014 中国统计年鉴，ELES 模型回归结果

依据表 3-5 中的数据，对比中国西部城乡居民消费支出的边际消费倾向和平均消费倾向数值的大小，有以下发现：

（1）中国西部农村居民 2013 年总消费的边际消费倾向为 0.33，低于西部城镇居民总消费的边际消费倾向 0.52，两者相差 57.58%，表明西部农村居民消费支出动力不足，消费支出受到一定程度的抑制。比较西部城乡八类消费支出的边际消费倾向发现，西部农村居民仅有医疗保健消费支出的边际消费倾向高于西部城镇居民。西部农村居民边际消费倾向不高的原因除去将一部分收入用于家庭经营之外，还与西部农村社会的社会保障制度实行的广度和深度不够导致较高的预防性储蓄，另外，由于西部农村公共基础设施建设滞后等其他因素的影响也阻抑了西部农村居民消费需求的充分实现。

（2）与边际消费倾向恰恰相反，中国西部农村居民 2013 年总消费的平均消费倾向 0.82 高于西部城镇居民的 0.70，高出 17.14%。但是，将八类消费支出的城乡平均消费倾向分别进行比较表明，西部农村居民的高平均消费倾向仅是表面现象，因为农村居民的居住消费支出包括新建（购）住房，而城镇居民的居住消费支出不包括新建（购）住房，而且也不包括自有住房虚拟租金。另外，西部农村居民医疗保健消费支出的平均消费倾向大于西部城镇居民，一方面表明西部农村居民对身体健康越来越重视，另一方面也表明西部农村居民存在医疗负担过重的现象。

（3）分别比较西部农村居民和西部城镇居民各类消费支出的边际消费倾向和平均消费倾向，可以发现西部农村居民边际消费倾向与平均消费倾向的差距远大于西部城镇居民。西部农村居民总消费支出的平均消费倾向高出边际消费倾向 145.51%，西部城镇居民相对应的百分数为 34.35%；在八类消费支出中，西部农村居民平均消费倾向高出边际消费倾向最多的是食品消费支出，高出 231.21%，西部城镇居民相应的数值则为 113.20%，消费支出类别为医疗保健消费支出。不难看出，食品消费支出是西部农村居民比较容易实现的消费支出（粮食自给自足），医疗保健消费支出则是西部城镇居民比较容易实现的消费支出（医疗保险制度完善），对于城乡居民而言，这两项消费支出消费动能不足是有充分理由的，这一现象也表明模型估计结果与客观现实的高度一致。同时也可看到，西部城镇居民的其他类消费支出的边际消费倾向高于平均消费倾向[1]，表明其他类消费支出动力强劲，表现出良好的消费发展态势。

在各类消费支出的边际消费倾向和平均消费倾向之外，中国西部城乡居民的基本消费支出也是本研究关注的重点之一，通过分析比较基本消费支出与总（实际）消费支出之间的比例关系，可以进一步定位中国西部农村居民的消费现状。下面将根据 ELES 模型参数估计结果计算得出西部城乡居民各类消费的基本消费支出以及基本消费支出在总（实际）消费支出中所占的比重进行对比分析，基本消费支出计算依据的公式为式（3-4），各类消费支出数据及基本消费占比见表 3-6。

表3-6　中国西部城乡居民2013年基本消费支出比较（元/人，%）

类别	农村			城镇		
	基本消费支出	实际消费支出	基本消费占比	基本消费支出	实际消费支出	基本消费占比
食品	1908.63	2127.54	89.71	3742.39	5704.65	65.60
衣着	355.78	381.27	93.32	976.74	1771.13	55.15
居住	1094.44	1057.74	103.47	1083.13	1473.05	73.53
家庭设备	277.96	325.79	85.32	613.17	1027.05	59.70
交通通讯	538.22	673.59	79.90	1631.13	1999.58	81.57
文教娱乐	371.67	341.14	108.95	1059.61	1836.35	57.70
医疗保健	514.33	527.19	97.56	790.88	1029.33	76.83
其他	96.27	139.01	69.26	200.00	549.12	36.42
总计	5157.31	5573.27	92.54	10097.04	15390.25	65.61

从表 3-6 中可以看出：

（1）中国西部农村居民的基本消费支出绝对数值排序与总（实际）消费支出的排序是相同的，食品、居住、交通通信和医疗保健支出排在前四位。吃住消费是西部农村居民必不可少的生存型消费，随着信息社会的进

[1] 中国西部城镇居民其他类消费支出的边际消费倾向为 0.028，平均消费倾向为 0.025。

一步发展，交通通讯也已经成为西部农村居民不可或缺的消费项目之一。同时，随着生活水平的提高，西部农村居民对自身健康的关注度越来越高，医疗保健的基本消费支出跃升幅度较大。但是，也应该看到事情的另一方面，对于生活水平有待提高的西部农村居民，较高的医疗保健支出容易使他们背上较重的经济负担，应该进一步推进西部农村社会医疗保险制度的建设和执行，拓展医疗保险制度在西部农村地区的实施广度和深度，减轻西部农村居民的医疗负担，使他们释放更多的消费潜能。

（2）中国西部农村居民基本消费支出占总（实际）消费支出比重最低的类别为交通通信，占比 79.90%，占比最高的消费类别为文教娱乐，占比 108.95%，仅就西部农村居民本身而言，基本消费支出占比也是比较高的，如果与西部城镇居民的基本消费支出占比相比，就可以更明显地看出西部农村居民的消费支出水平远低于城镇居民。西部城镇居民最高的基本消费支出占比为 81.57%，消费类别是交通通信；最低的基本消费支出占比为 36.42%，消费类别是其他类。西部农村居民总消费的基本消费支出占比为 92.54%，西部城镇居民相对应的数据为 65.61%，两者相差 26.93 个百分点。从基本消费支出占比来看，西部农村居民的消费支出仍处于较低水平，在八类消费支出中，每一类所包含的生存型消费支出都远远大于发展型和享受型消费支出，西部农村居民的消费需求远未得到满足。

下面将对比中国西部城乡居民八类消费支出的收入弹性、自价格弹性和互价格弹性，分析收入和价格因素对西部城乡居民八类消费支出的影响，从收入和价格角度探讨中国西部农村居民的消费现状。收入弹性和价格弹性的计算数据来源于本章 ELES 模型参数估计结果，依据的公式分别为式（3-5）、（3-6）和（3-7），相关数据分别在表 3-7、表 3-8 和表 3-9 中列出。

从表 3-7 可以看出，中国西部农村居民的需求收入弹性普遍较低，除文教娱乐消费支出的需求收入弹性为 0.88 之外，其余消费支出中除了家庭设备和交通通信消费支出均未超过 0.50。食品、医疗保健和居住消费支出的收入弹性最低，均未超过 0.40，表明这三类消费支出受收入的影响最小，是西部农村居民生活中不可或缺的基本消费支出类别，生存型消费支出特征明显，具有比较强的消费刚性。文教娱乐消费支出的需求收入弹性最大，家庭设备和交通通信消费支出的需求收入弹性也都超过 0.50，均具有享受型与发展型消费支出特征。提高西部农村居民的收入水平，文教娱乐、家庭设备和交通通信三类消费支出会有较大幅度的提高，同时，这三类消费支出也容易受西部农村居民低收入水平的影响，消费需求会由于收入较低而受到较大程度的抑制。

与之相对应的，中国西部城镇居民各类消费支出需求收入弹性除医疗保健消费支出之外，均超过 0.60，其他类消费支出甚至超过 1.00，其值为 1.16，表明西部城镇居民的各类消费支出，在满足基本消费需求的基础上包含了更多发展层次和享受层次的消费内容。相较之下，中国西部农村居民各类消费支出包含的内容多停留在满足基本需求的层次上，消费空间有待进一步拓展，消费水平有待进一步提高，消费结构有待进一步优化。

表3-7　中国西部城乡居民2013年消费需求收入弹性比较

	食品	衣着	居住	家庭设备	交通通讯	文教娱乐	医疗保健	其他
农村	0.30	0.43	0.37	0.55	0.54	0.88	0.32	0.49
城镇	0.63	0.86	0.88	0.82	0.85	0.64	0.49	1.16

从表 3-8 可以看出，中国西部城乡居民各类消费项目的自价格弹性均小于 0，各类消费支出和价格呈方向相反的变化，这一结果也符合人们的一般认知。与需求收入弹性一样，中国西部农村居民各类消费支出的自价格弹性的绝对值均低于西部城镇居民，表明西部农村居民对商品或服务消费的价格敏感度较低，也是消费水平处于较低层次所具有的特征，消费需求刚性强，消费支出受价格变动影响的程度比较低。西部农村居民自价格弹性比较高的是其他、交通通讯、食品和家庭设备消费支出。食品消费支出的自价格弹性较高表明西部农村居民食品消费的商品化程度有所提高。当人们的收入一定时，降低商品或服务价格，更有助于其他、交通通讯、食品和家庭设备四类消费支出水平的提升。

收入与自价格两个因素相比，收入对中国西部农村居民消费支出的影响要大得多。西部农村居民的消费需求收入弹性在 0.88-0.30 之间变化，消费需求自价格弹性则在（–0.31）–（–0.02）之间变化，收入弹性和自价格弹性绝对值相差最多达 0.86。所以，增加西部农村居民消费支出最迫切的事情是进一步提高其收入水平，在保证收入水平至少不下降的情况下，适当控制物价，使西部农村居民的消费支出水平不断得到提高。

表3-8 中国西部城乡居民2013年消费需求自价格弹性比较

	食品	衣着	居住	家庭设备	交通通讯	文教娱乐	医疗保健	其他
农村	–0.19	–0.09	–0.02	–0.17	–0.24	–0.04	–0.05	–0.31
城镇	–0.45	–0.49	–0.31	–0.43	–0.25	–0.45	–0.25	–0.65

下面将分析中国城乡居民消费需求的互价格弹性（也称交叉价格弹性），探讨发生价格变动时对各类消费支出之间的影响情况。

从表 3-9 和表 3-10 中可以看出，各类消费支出的需求互价格弹性为负值，每当某一类消费支出价格提高时，均会使其他类别的消费支出下降，反之亦然。与需求收入弹性和需求自价格弹性相比，中国西部城乡居民的需求互价格弹性差异要小得多，意味着西部城乡居民之间各类消费支出因价格变化而造成的相互影响没有明显差别。就中国西部农村居民而言，因本身价格变化对其他类别的消费支出造成影响最大的是食品消费，食品消费需求互价格弹性的绝对值在 0.25–0.09 之间变化，亦即是说，食品消费品（服务）价格每增长 1%，会使其他类别的消费支出减少 0.25%–0.10%，居住消费品（服务）价格对其他类别消费支出的影响仅次于食品消费，居住消费品（服务）价格每增长 1%，会使其他类别的消费支出下降 0.14%–0.05%，因此，在所有的消费品中，首先力求保证食品消费品价格的稳定，其次要保证居住消费品价格的稳定。

表3-9 中国西部农村居民2013年各类消费需求互价格弹性比较

	食品	衣着	居住	家庭设备	交通通信	文教娱乐	医疗保健	其他
食品		–0.12	–0.10	–0.15	–0.15	–0.25	–0.09	–0.14
衣着	–0.02		–0.02	–0.03	–0.03	–0.05	–0.02	–0.03
居住	–0.05	–0.07		–0.09	–0.09	–0.14	–0.05	–0.08
家庭设备	–0.01	–0.02	–0.01		–0.02	–0.04	–0.01	–0.02

（续　表）

	食品	衣着	居住	家庭设备	交通通信	文教娱乐	医疗保健	其他
交通通讯	–0.02	–0.03	–0.03	–0.04		–0.07	–0.03	–0.04
文教娱乐	–0.02	–0.02	–0.02	–0.03	–0.03		–0.02	–0.03
医疗保健	–0.02	–0.03	–0.03	–0.04	–0.04	–0.07		–0.04
其他	–0.00	–0.01	–0.01	–0.01	–0.01	–0.01	–0.00	

注：表中纵向数据为主轴，表示每类消费支出对各类消费出的需求互价格弹性

表3–10　中国西部城镇居民2013年各类消费需求互价格弹性比较

	食品	衣着	居住	家庭设备	交通通信	文教娱乐	医疗保健	其他
食品		–0.14	–0.14	–0.13	–0.14	–0.11	–0.08	–0.19
衣着	–0.03		–0.04	–0.04	–0.04	–0.03	–0.02	–0.05
居住	–0.03	–0.04		–0.04	–0.04	–0.03	–0.02	–0.06
家庭设备	–0.02	–0.02	–0.02		–0.02	–0.02	–0.01	–0.03
交通通讯	–0.05	–0.06	–0.06	–0.06		–0.05	–0.03	–0.08
文教娱乐	–0.03	–0.04	–0.04	–0.04	–0.04		–0.02	–0.05
医疗保健	–0.02	–0.03	–0.03	–0.03	–0.03	–0.02		–0.04
其他	–0.01	–0.01	–0.01	–0.01	–0.01	–0.01	–0.00	

注：表中纵向数据为主轴，表示每类消费支出对各类消费支出的需求互价格弹性

依据 ELES 模型估计结果，对比分析西部农村居民与西部城镇居民的边际消费倾向、平均消费倾向、基本消费支出、收入弹性和价格弹性等变量，有以下发现：

西部农村居民的收入对各类消费支出驱动的动能不足，其消费支出水平在很大程度上也受到其他非收入因素的影响，例如社会保障制度、基础设施建设等因素对消费支出的影响值得重视。此外，西部农村居民各项消费支出中基本消费支出占比较高，各类消费品（服务）支出的需求收入弹性和需求自价格弹性的绝对值普遍较低，表明其消费支出水平仍然处于较低层级。需求收入弹性大于需求自价格弹性的绝对值，表明收入对中国西部农村居民各类消费支出的影响要大于物价。在各类消费品（服务）中，食品消费的需求互价格弹性绝对值最大，表明食品价格发生变动对其他各类消费支出的影响最大。要着力提高西部农村居民的收入水平，持续不断地改善消费环境，同时要控制关键消费品的价格上涨幅度，保证其价格的稳定性。

3.4 本章小结

在第二章对中国西部农村居民的消费支出进行纵向比较分析的基础上，本章在三个层面上进行横向比较，进一步定位其消费支出水平，分析发现，恩格尔系数的变化并不能准确描述西部农村居民生活消费的发展阶段，与恩格尔系数显示的西部农村居民生活消费已经达到富裕水平的情况相反，本章三个层面的分析均表明其生活消费水平依然处于较低层级。

通过比较分析中国西部农村居民和西部城镇居民以及美国、英国、日本和韩国等代表性国家居民的消费结构变化趋势发现，西部农村居民的食品消费支出占比偏高，其他类消费支出占比的集中度较高，消费结构均衡性较差。在对消费支出占比、基本消费支出、收入弹性和价格弹性的分析中发现，无论是从总体消费支出角度，还是从单项消费支出角度来看，就消费支出的具体内容而言，都是生存型消费占比较大，发展型消费和享受型消费占比较小。除了食品和文教娱乐消费支出占比呈下降趋势之外，中国西部农村居民其他六类消费支出占比均呈明显上升趋势。由此表明，中国西部农村居民的消费水平仍然处于较低层级，消费空间有待进一步拓展，消费结构有待进一步优化。

通过比较分析同等收入条件下中国西部城乡居民的消费支出发现，西部农村居民各项消费支出无论是支出的绝对数值，还是各类消费支出占比之间的平衡协调程度，均低于同等收入条件下、甚至是收入略低条件下的西部城镇居民。可以推断，西部农村居民的消费支出数量和质量除了受收入水平影响之外，亦不可忽略其他消费影响因素的作用，在同等收入条件下，改善其他影响因素存在的条件，西部农村居民将可以实现更高层级的消费支出水平。

依据 ELES 模型估计结果，比较分析西部农村居民与西部城镇居民的边际消费倾向、平均消费倾向、基本消费支出、需求收入弹性和价格弹性等变量发现，西部农村居民人均收入对各类消费支出驱动的动能不足，其他非收入因素对消费支出的影响值得重视。此外，西部农村居民各项消费支出中基本消费支出占比较高，各类消费品（服务）支出的需求收入弹性和需求自价格弹性的绝对值普遍较低，表明其消费支出水平仍然处于较低层级。需求收入弹性大于需求自价格弹性的绝对值，表明收入对中国西部农村居民各类消费支出的影响要大于物价。在各类消费品（服务）中，食品消费的需求互价格弹性绝对值最大，表明食品价格发生变动对其他各类消费支出的影响最大。

总之，中国西部农村居民的生活消费水平虽然逐年提高，但现阶段仍然处于较低层级，收入对其消费支出的影响受到其他非收入因素的牵制，在提高其收入水平的同时，也应该注意其他影响因素的存在，不断改善使其有助于西部农村居民消费水平的提高和消费能力的充分发挥。此外，也应该认识到，提高收入比降低物价更有利于提高西部农村居民的消费水平；稳定食品价格，对稳定消费支出水平有最重要的影响。

第4章　中国西部农村居民消费结构影响因素

本章从不同经济区域农村居民的消费特征分析入手，通过比较不同地区农村居民的各类消费支出情况，进一步定位西部农村居民的消费阶段和消费层次，并对西部农村居民消费结构的主要影响因素进行深入分析，探究西部农村居民消费水平偏低的深层次原因[1]。

4.1 消费支出特征

与中国其他经济区域相比，西部地区生产总值较低，西部地区农村居民的消费支出也相应地表现出自己的特征。整理 2013 年中国住户调查年鉴中西部、东部和全国农村居民的各类消费支出数据进行比较分析有以下结论（详细数据见表 4-1、表 4-2、表 4-3、表 4-4、表 4-5）。

表4-1 2012年西部、东部、全国农村居民生活消费结构比较（元/人，%）

	项目	总支出	食品	衣着	居住
西部	消费总支出	4798.4	1992.2（41.5）	322 （6.7）	877.8（18.3）
	现金支出	4141.1	1366.4（33.0）	321.7（7.8）	847.2（20.5）
	现金支出占比	86.3	68.6	99.9	96.5
东部	消费总支出	7683	2947.5（38.4）	498 （6.5）	1379.9（18.0）
	现金支出	7379	2671.1（36.2）	497.8（6.7）	1352.9（18.3）
	现金支出占比	96.0	90.6	100.0	98.0
全国	消费总支出	5908	2323.9（39.3）	396.4 （6.7）	1086.4（18.4）
	现金支出	5414.5	1863.1（34.4）	396.1（7.3）	1054.2（19.5）
	现金支出占比	91.6	80.2	99.9	97.0

[1] 鉴于部分消费结构数据的可得性，本章各项研究内容截止到 2012 年为止。

表4-2　2012年西部、东部、全国农村居民生活消费结构比较（元/人，%）

	项目	家庭设备及用品	交通通信	文教娱乐	医疗保健	其他
西部	消费总支出	272（5.7）	503.9(10.5）	306.3（6.4）	419（8.7）	105（2.2）
	现金支出	271.6（6.6）	503.9(12.2）	306.3（7.4）	419（10.1）	105（2.5）
	现金支出占比	99.9	100.0	100.0	100.0	99.9
东部	消费总支出	443.5（5.8）	965.8(12.6）	647.1（8.4）	604.7(7.9）	196.5（2.6）
	现金支出	443.2（6.0）	965.8(13.1）	647.1（8.8）	604.7(8.2）	196.4（2.7）
	现金支出占比	99.9	100.0	100.0	100.0	100.0
全国	消费总支出	341.7（5.8）	652.8(11.0）	445.5（7.5）	513.8(8.7）	147.6（2.5）
	现金支出	341.4（6.3）	652.8(12.1）	445.5（8.2）	513.8(9.5）	147.5（2.7）
	现金支出占比	99.9	100.0	100.0	100.0	99.9

注：括号内数字为各项消费支出占生活消费总支出比重

资料来源：根据 2013 中国住户调查年鉴整理

表4-3　2012年西部、东部、全国农村居民食品消费结构比较（千克/人）

	粮食	蔬菜及制品	食用油	食糖	卷烟	水果	猪肉
西部	179.7	79.1	6.7	1.1	22.5	12.6	16.0
东部	149.1	80.3	8.1	1.1	29.6	18.9	14.8
全国	165.5	84.7	7.8	1.2	26.3	15.5	14.4

表4-4 2012年西部、东部、全国农村居民食品消费结构比较（千克/人）

	牛肉	羊肉	奶及奶制品	禽类	蛋及蛋制品	水产品
西部	2.0	2.1	6.6	4.0	3.5	1.6
东部	0.6	0.4	6.1	6.1	7.9	10.6
全国	1.0	0.9	5.3	4.5	5.9	5.4

资料来源：根据2013中国住户调查年鉴整理

表4-5 2012年西部、东部、全国农村居民耐用品年末拥有量比较（件台辆/百户）

	洗衣机	电冰箱	空调机	抽油烟机	吸尘器	微波炉	热水器	自行车	摩托车
西部	69.4	58.6	6.0	5.1	0.4	6.0	23.4	44.7	67.3
东部	77.5	84.4	70.6	38.5	5.7	35.0	71.2	124.5	57.9
全国	67.2	67.3	25.4	14.7	1.5	12.8	40.8	79.0	62.2
	汽车	固定电话	移动电话	彩色电视	黑白电视	摄像机	影碟机	照相机	计算机
西部	5.2	30.8	193.9	106.8	1.4	1.3	38.2	3.1	10.4
东部	12.0	62.9	213.8	135.7	1.2	2.0	27.4	13.5	39.1
全国	6.6	42.2	197.8	116.9	1.4	1.2	29.3	5.2	21.4

资料来源：根据2013中国住户调查年鉴整理

（1）西部农村居民人均消费总支出水平较低。2012年西部农村居民人均消费总支出为4798.4元/人，比全国农村居民低18.8%，比东部农村居民低37.5%，依据表2-4中的西部农村居民消费总支出年均增长率11.23%[1]计算，西部农村居民的消费水平落后东部农村居民4.4年，落后全国农村居民2.0年。另外，依据第三章ELES模型估计结果以及消费总支出年均增长率，可计算出2012年消费总支出的基本消费支出为4636.6元/人，对于西部农

[1] 本章数据均保留到小数点后一位，因为该年均增长率引自第2章，此处仍写到小数点后两位。

村居民的消费总支出而言，基本消费支出占 96.6%，也就是说，西部农村居民每消费 100 元，其中有 96.6 元是为了实现生存的最低目标必须要花费的金额。

（2）西部农村居民的消费品尤其是食品商品化程度有待提高。与人均消费总支出偏低相伴随的是人均现金消费支出的偏低，而且人均现金消费支出比人均消费总支出更低，西部农村居民人均现金消费支出分别低于全国农村居民 23.5%、低于东部农村居民 43.9%，依据表 2-4 中的西部农村居民现金消费支出年均增长率 13.87%[1]计算，西部农村居民的现金消费水平落后东部农村居民 4.5 年，落后全国农村居民 2.1 年。同时可以看到，食品现金消费支出仅占总支出的 68.6%，远低于全国 80.2% 的水平。

（3）依据恩格尔系数贫富划分标准[2]，西部农村居民生活已经达到小康水平，但与全国和东部地区农村居民生活消费水平相比，仍然具有一定差距。西部农村居民恩格尔系数 2012 年为 41.5%，全国农村居民为 39.3%，东部地区农村居民为 38.4%，据此可知，全国与东部地区农村居民已经超越西部提前进入富裕生活阶段。

（4）就消费结构而言，西部农村居民享受、发展型消费项目占消费总支出的比重要低于全国和东部农村居民。西部农村居民交通通信消费占比为 10.5%，全国和东部农村居民则分别为 11.0% 和 12.6%；西部农村居民文教娱乐消费占比为 6.4%，全国和东部农村居民则分别为 7.5% 和 8.4%。除食品消费之外，西部农村居民其他消费项目占比则与全国及东部农村居民消费水平比较接近。

（5）在食品消费中，西部农村居民人均消费粮食数量大于全国和东部农村居民，分别高出全国和东部农村居民 8.6% 和 20.5%。蔬菜及制品、食用油、水果、禽类、蛋及蛋制品和水产品人均消费数量均低于全国和东部农村居民消费水平，猪肉、牛肉、羊肉和奶及奶制品则高于全国及东部农村居民消费水平。考虑到西部农村居民的饮食习惯问题，其食品消费总体水平与全国及东部地区消费水平仍有较大差距。

---

[1] 同前页脚注[2]。

[2] 联合国粮农组织规定，恩格尔系数在 60% 以上为绝对贫困型，50%-60% 为温饱型，40%-50% 为小康型，30%-40% 为富裕型，30% 下为极富裕型。

（6）比较2012年年末各个地区每百户拥有的耐用品数量，可以发现西部农村居民仅有摩托车和影碟机高于全国和东部农村居民，电冰箱、空调机、抽油烟机、吸尘器、微波炉、热水器、自行车、汽车、固定电话、移动电话、彩色电视、照相机、计算机年末拥有量均低于全国和东部农村居民。其中，空调机、抽油烟机、吸尘器、微波炉和计算机均低于全国和东部农村居民年末拥有量的50%。

依据以上比较结论，同时结合第二章与第三章中国西部农村居民消费结构纵向与横向两个方向的比较结果，对中国西部农村居民的消费支出特征有以下总结概括：

西部农村居民的基本生活消费需求普遍得到满足，消费水平逐年提高，消费结构日趋合理。饮食越来越健康，膳食越来越多样化，营养搭配越来越平衡；传统、低档次耐用品的拥有量逐步减少，新型、高档次耐用品的拥有量逐步增多。并且，除了食品和文教娱乐两类消费支出之外，中国西部农村居民其他六类消费支出的边际消费倾向动态变化曲线（图2-2）和消费占比变化曲线（图3-1）都确切无疑地表明这些消费支出有着良好的增长势头。但是，与不同国家、不同经济区域居民的消费支出相比，中国西部农村居民的消费支出依然处于较低水平，仅与中国东部农村居民相比，其消费水平就落后4.4年。人均消费总支出偏低，生存型消费占比偏高，发展型消费和享受型消费占比偏低，消费品尤其是食品商品化程度低，饮食较多注重温饱、较少注重营养均衡，高档耐用品拥有量偏少，这些都是西部农村居民消费支出的基本特征。

4.2 消费抑制成因

从上一节的分析可道，西部农村居民的消费支出是受到一定程度抑制的，抑制的成因是什么，需要我们做进一步的分析。在第一章国外消费理论的回顾中，从凯恩斯的绝对收入假说一直到扎德斯的流动性约束假说七个经典消费理论假说中，每个假说里都以收入对消费支出的影响为主要阐述内容，收入对消费支出的影响无疑是最重要的，下面将先从西部农村居民的人均纯收入分析入手，探讨其消费支出的抑制成因（以下数据没有特别说明均引自 2013 中国住户调查年鉴）。

（1）西部农村居民人均纯收入较低。全国农村居民人均纯收入为 7916.6 元，东部农村居民为 10817.5 元，而西部农村居民仅为 6026.6 元，低于全国平均水平 23.9%，低于东部地区 44.3%。

依据凯恩斯的绝对收入假说，消费支出主要由即期收入决定，偏低的即期收入严重降低了西部农村居民的消费支出意愿和能力，西部农村居民只能优先保证基本生活消费的实现，无力追求更多的基本需求之外的消费，正如本章第一节中所提到的，在西部农村居民的消费总支出中，基本消费支出占到 96.6%，非基本消费支出仅占到 3.4%，消费能力明显偏弱。

依据杜森贝里的相对收入假说可知，人们通过判断自身的收入水平在社会中所处的位置高低，会主动调整消费支出，向高收入水平的人群看齐，即通常所说的消费示范效应。但是，也应该看到，示范效应的另一面是人们对自己低收入水平、低消费支出水平的认同，这种心理状态容易使人们产生消费支出的惰性，认为自己收入水平不高，也理应有一个与之对应的不太高的消费水平，相对消极的消费心态会对人们的消费支出产生抑制作用。西部农村居民与东部、全国农村居民相比，收入处于最低水平，与西部城镇居民相比，差距更大，由表 3-1 可知，根据中国西部城乡居民人均可支配收入与人均纯收入按当年计算的价格，西部农村居民落后于西部城镇居民 11 年，如果按不变价格计算，落后的年数更多。这种客观情况的存在，严重抑制了西部农村居民消费支出行为的最终实现。

无论是依据绝对收入假说还是相对收入假说，西部农村居民较低的人均纯收入都对其消费支出水平起到抑制作用，低收入拉低了西部农村居民的消费支出水平。

（2）西部农村居民收入结构层次不高。比较 2012 年西部、东部和全国农村居民人均纯收入结构（见表 4-6），可以发现，西部农村居民的家庭经营收入占比最高，为 51.2%，比东部农村居民高出 16.9 个百分点，比全国平均水平高出 6.6 个百分点；工资性收入占比最低，为 35.3%，比东部农村居民低 18.2 个百分点，比全国平均水平低 8.2 个百分点。现阶段农业生产收益与其他产业收益相比明显处于劣势，同时，工资性收入收益较高并且相对稳定，家庭经营收入占比大与工资性收入占比小，同向拉低了西部农村居民的人均纯收入水平。

表4-6 2012年西部、东部、全国农村居民纯收入结构比较（元/人，%）

	纯收入	工资性收入	家庭经营收入	财产性收入	转移性收入
西部	6026.6（100）	2124.4(35.3)	3083.9（51.2）	154.9（2.6）	663.4（11.0）
东部	10817.5(100)	5791（53.5）	3710.8（34.3）	451.9（4.2）	863.8（8.0）
全国	7916.6（100）	3447.5(43.5)	3533.4（44.6）	249.1（3.1）	686.7（8.7）

注：括号内数字为各项收入占纯收入比重（资料来源：根据2013中国住户调查年鉴整理）

在持久收入假说中，弗里德曼将人们的收入分为持久性收入和暂时性收入，两种不同性质的收入对消费支出的影响也不一样，暂时性收入的储蓄倾向很高，对消费支出影响很小，持久性收入的边际消费倾向很高，对消费支出有比较大的影响。对于西部农村居民而言，家庭经营收入是他们传统意义上的持久性收入，而工资性收入的性质是逐渐发生变化的，改革开放之初，西部农村居民的打工机会和打工收入比较少，工资性收入对于他们而言可以算作暂时性收入，随着社会开放程度的加深和经济发展水平的提高，打工挣钱已经成为他们养家糊口的重要谋生手段之一，并且，其工资性收入占总收入的比重也在逐年提高，到2012年为总收入的35.3%，工资性收入已经具有了持久性收入的性质。从西部农村居民消费总支出与四类收入1999-2012年的变化趋势中也可以看出，工资性收入与消费支出的变化趋势相似度最高（见图4-1），我们有理由推断，工资性收入对西部农村居民的消费支出影响最大。换句话说，西部农村居民的消费支出水平偏低，其中的一个重要原因就是他们的工资性收入占比不高。

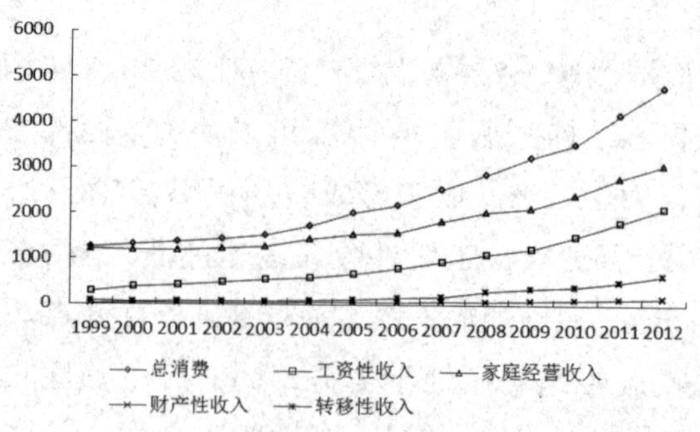

图4-1 西部农村居民消费支出与各类收入变化趋势

资料来源：2000-2013中国农村统计年鉴

（3）西部农村居民现金余额[1]偏低。2012 年西部农村居民的现金余额为 269.5 元 / 人，与不同区域的农村居民现金余额差别很大，全国平均水平为 825.3 元 / 人，东部地区为 2156.3 元 / 人，西部农村居民的现金余额比全国平均水平和东部农村居民分别低 67.3% 和 87.5%。

依据流动性约束假说，消费者在低收入水平下，如果不能变现所拥有的金融资产或者没有借贷能力，则面临流动性约束问题，并且当期消费水平会降低至平均水平之下。流动性约束如果发生在当期，则消费者的当期消费水平会降低。对于西部农村居民而言，他们的金融资产很少甚至没有，同时也面临农村金融机构服务网点少、借贷门槛高的窘境，在完成基本消费支出之后，手里的现金余额所剩不多，很容易产生流动性约束问题，相应地也会降低当期消费水平。除此以外，由于历年现金余额不高，从很大程度上降低了预防性与积累性储蓄，使得西部农村居民对风险的承担能力减弱，消费支出谨慎程度提高，同样也抑制了西部农村居民的消费支出。

（4）西部农村地区劳动力人口负担较重。全国与东部地区农村居民劳动力人均负担人口均为 1.4 人，而西部农村居民劳动力人均负担人口为 1.5 人。劳动力人口负担较重表明西部农村居民当中儿童和老年人较多。

依据生命周期假说，一个人年轻时或者是年老时收入较低，消费支出可能会高于收入，年轻人会提前预支收入进行消费，老年人则会动用储蓄进行消费。但是，如果年轻人没有收入可以预支，比如难以进行消费借贷，老年人没有储蓄可以动用，这两类消费支出高于收入的人群就会降低家庭或社会的平均收入水平，从而导致对消费支出的抑制。

预防性储蓄假说认为，消费者在不确定情况下进行跨期消费决策时，不仅要考虑将财富平均分配到生命周期的各个阶段，而且还要考虑防范未来不确定性事件的发生。未来的不确定性程度越高，预期消费的边际效用就越大，消费者会更倾向于减少当期消费而进行储蓄。西部地区儿童和老年人人数较多，也意味着未来消费支出不确定性的增加，因为儿童的教育、医疗保健和老年人的养老、医疗保健等消费支出具有很强的不可预见性，一个家庭或社会中儿童和老年人人数增多，势必促使人们进行更多的储蓄以备不时之需，结果使当期消费支出水平下降。

---

[1] 这里所说的现金余额是指农村居民每年现金收入与现金支出的差值。

（5）西部农村居民文化教育程度偏低。农村居民不识字或识字很少的人口占比分别为，全国 5.3%，东部地区 3.8%，西部地区 8.0%；大专及以上人口占比分别为，全国 2.9%，东部地区 3.9%，西部地区 2.1%。由此可以看到，西部农村居民不识字或识字很少的人口高出东部农村居民 4.2 个百分点，高出全国平均水平 2.7 个百分点；具有大专及以上文化程度的人口则比东部农村居民低 1.8 个百分点，比全国平均水平低 0.8 个百分点，这一高一低反映出西部农村居民所面临的教育素质困境。文化程度偏低对消费支出水平的提高有诸多不利影响：一方面，降低了人们的就业能力，会造成就业难和就业收入不高的结果；另一方面，也降低了人们对新事物的认知和接受能力，人们更容易沿袭旧有的消费习惯，较难积极主动地尝试新的消费方式，不容易在消费数量和质量上寻求突破。

可以看出，中国西部农村居民的消费支出水平受到诸多因素的影响，其中，收入水平和收入结构是重要影响因素之一，为了有效提高西部农村居民的消费支出水平，有必要对西部农村居民收入水平较低的原因进行更深层次的分析。

4.3 低水平收入成因

仍以 2012 年为例，中国西部农村居民人均纯收入为 6 026.6 元 / 人，东部、中部和东北地区的农村居民人均纯收入分别为 10 817.5 元 / 人、7 435.2 元 / 人、8 846.5 元 / 人，在中国农村地区，西部农村居民的人均纯收入是最低的，如果与西部城镇居民 2012 年的人均可支配收入 20 600.2 元 / 人相比，差距更大。

毫无疑问，若以人均收入为计算依据，中国西部农村居民在国民收入分配中所占比例是最低的，从收入分配角度进行分析，只有减少收入分配的不平等程度，才有可能提高西部农村居民的人均纯收入。那么，减少收入分配不平等程度的途径是什么，主要影响因素又有哪些，这些问题都值得我们进一步探讨。

美国经济学家库兹涅兹（Kuznets，1955）提出关于收入分配不平等程度随经济发展的进程而发生变化的“钟形曲线”，认为在经济发展的早期阶段，收入分配的不平等会呈现出逐步扩大的趋势，在经济发展的中后期，收入分配的不平等将逐步缩小。按照库兹涅兹的“钟形曲线”可以知道，随着经济的进一步发展，会有越来越多的人群分享到经济发展的成果，收入分配不平等程度最终会减小，低收入阶层的人均收入自然也会得到提高。所以，着力发展经济是提高中国西部农村居民的人均纯收入的必然选择途径。

法国经济学家皮凯蒂（Piketty，2014）发现，在经济发展的高级阶段，美国等发达国家的不平等程度在“预期”减少之后，20 世纪 70 年代以来又出现了不平等程度加剧的现象，皮凯蒂认为，收入分配的不平等不仅仅与经济的发展运行有关，而且还和社会主体、政治力量有关，是多个因素共同作用的结果。此外，皮凯蒂还认为，知识、技能的扩散以及为学习知识和技能培训而进行的资金投入对减少收入分配的不平等起关键作用。与之相反，另外一些因素会增加收入分配不平等的程度，一个因素是高收入者的收入高度集中，这其中很大一部分原因是因为他们有制定自己薪酬的权力；还有一个对加剧收入不平等程度起根本作用的因素是资本[1]收益率大于经济增长率（$r > g$），资本收入带来的收入分配不平等远远大于劳动收入。

依据库兹涅兹“钟形曲线”所揭示的收入分配规律可以知道，在经济发展的早期阶段，收入分配的不平等程度呈现逐步扩大趋势，处于经济不发达区域的中国西部农村居民所得收入份额会逐步走低，收入水平难以得到有效提高。依据皮凯蒂的收入分配理论也可以得出相同的结论，鉴于西部农村居民一直以来的低收入水平和低教育水平，经济发展早期阶段的西部农村居民缺乏资本、教育素质偏低同样使他们的收入水平处于较低层级。

在现阶段，中国社会经济的发展正处于转型时期，在这一特殊时期，经济增长的速度会有所减缓。依据皮凯蒂的收入分配理论，在经济增长速度放缓的情况下，拥有资本的人群会获得更高的资本收益，而仅靠劳动换取收入的人群则无法获得高收入，这将加剧了收入分配的不平等程度。中国西部农村居民较低的人均纯收入和现金余额，使得他们的资本积累并不丰富，绝大多数人仍然仅靠付出自身的劳动来换取报酬，这使得他们处于比经济发展早期阶段更为不利的地位，客观经济条件增加了他们提高收入

[1] 此处的资本包括非金融资产与金融资产，但不包括人力资本。

水平的难度。同时，中国西部农村居民较低的综合文化素质造成其知识与技能的欠缺，这一结果同样加剧了他们与高收入阶层之间的收入分配差距。

中国西部农村居民基本上是凭借人力资本换取劳动报酬的群体，依据“刘易斯—费景汉—拉尼斯”二元经济模型，在农业劳动力的边际产出低于农业平均产出的情况下，劳动力从农村流向城市打工挣钱成为必然选择。可以看到，在这场外出打工挣钱的“比拼”中，西部农村居民依然处于“下风”。对比西部和全国、东部农村居民的工资性收入情况（表 4-7），可以发现三个区域在本乡地域内劳动所得与外出从业所得占比有明显差别。西部农村居民在本乡地域内劳动所得占比最小，外出从业所得占比最大。与在本地打工相比，外出打工要解决食宿和出行问题，成本高，并且家庭留守成员负担重，西部农村居民在本乡地域内劳动所得占比小与外出从业所得占比大，使工资性收入大打折扣，也必然拉低人均纯收入水平。

表4-7　2012年西部、东部、全国农村居民工资性收入结构比较（元/人）

	工资性收入	在非企业组织中劳动所得	在本乡地域内劳动所得	外出从业所得
西部	2069.5（100）	165.2（8.0）	878.5（42.4）	1025.8（50.0）
东部	5964.4（100）	442（7.4）	3598.5（60.3）	1923.9（32.3）
全国	3447.5（100）	239.1（6.9）	1783.7（51.7）	1424.6（41.3）

注：括号内数字为各项收入占工资性收入[1]比重（资料来源：根据2013中国住户调查年鉴整理）

中国西部农村居民不论是人均纯收入的提高还是收入结构的改善，都受到一定程度的阻滞，面对不利的客观条件，西部农村居民仅靠自身的力量很难克服收入阻滞因素的负面影响。社会和政府应该共同行动起来、采取有效措施帮助他们走出低收入困境。

[1] 受数据可得性和计算方法约束，表 4-7 中工资性收入金额与表 4-6 中略有出入，但并不影响分析结果。

4.4　本章小结

本章在第二、第三章分析的基础之上，通过对中国西部、东部和全国农村居民的消费支出水平进行比较分析，对其消费支出特征做了进一步的归纳总结。同时，通过理论分析，对造成西部农村居民消费水平偏低的原因、以及消费支出的主要影响因素——收入偏低的原因进行了深度剖析。

西部农村居民的基本生活消费需求普遍得到满足，消费水平逐年提高，消费结构日趋合理。但是，与不同经济区域居民的消费支出相比，中国西部农村居民的消费支出依然处于较低水平，仅与中国东部农村居民相比，其消费水平就落后 4.4 年。人均消费总支出偏低，生存型消费占比偏高，发展型消费和享受型消费占比偏低，消费品尤其是食品商品化程度低，饮食较多注重温饱、较少注重营养均衡，高档耐用品拥有量偏少，消费支出水平表现出典型的农村居民特点。

依据经典消费理论，从人均纯收入、收入结构、现金余额、劳动力负担水平以及文化程度五个方面分析了中国西部农村居民消费支出受到抑制的原因，确定人均纯收入偏低、收入结构层次低、现金余额偏低、劳动力负担较重以及文化教育程度偏低共同造成了西部农村居民消费支出水平偏低的结果。同时，依据经典经济学理论，进一步分析了西部农村居民消费支出的主要影响因素——收入处于较低水平的原因，发现西部农村居民收入水平偏低有一定程度的必然性，其主要原因是资本拥有量过少和受教育程度偏低，同时，外出打工地点离家较远使西部农村居民的工资性收入大打折扣，也从另一个侧面表明西部农村居民面临的当地经济发展环境需要得到进一步改善。面对诸多不利的客观条件，西部农村居民仅靠自身的力量很难克服收入阻滞因素的负面影响，社会和政府应该共同行动起来、采取有效措施帮助他们走出低收入、低消费的困境。

第5章　中国西部农村居民[1]消费调查

[1] 本章所提到的中国西部农村居民均为被抽样调查的农村居民。

本章基于陕西和甘肃两省农村居民做的抽样调查问卷数据所进行分析。问卷调查以家庭为基本单位，内容包括被访者基本情况、被访者家庭经济状况、被访者生活消费支出情况、被访者生活消费行为及意愿和被访者消费信贷及社会保障五个部分。调查覆盖了238户农村居民家庭和1132个个人，受访者平均年龄为41.7岁，最小年龄为19岁，最大年龄为81岁，20–60岁的受访者占88.7%，男性占72.3%，女性占27.7%。消费支出分类以《中国农村统计年鉴》中的“统计指标解释”为标准进行划分，实物收入与实物消费支出的金额以当年当地价格进行折算。

5.1 消费行为及意愿

下面将针对被抽样调查的中国西部农村居民关于消费行为及意愿的问卷填写情况逐一进行分析，从微观角度探究西部农村居民的消费行为和消费意愿，分析西部农村居民的消费特征以及消费影响因素。

5.1.1 消费品选择和品牌认知

依据表5-1可知：

选择频次最多的是价格太贵，频次为162，高出居于第二位频次的102.5%，表明西部农村居民选择生活用品时，在很大程度上受收入水平的约束。随着社会经济的发展，西部农村居民的收入水平逐年提高，但是，与西部城镇居民和东中部农村居民相比，西部农村居民的收入水平仍然较低，与他们的消费意愿不相匹配，西部农村居民的消费意愿与收入水平之间有较大差距。

表5–1 不购买某种生活用品的原因

项目	对某种生活用品了解较少	买不到或购买不方便	价格太贵	家人不喜欢	品种少选择余地小	无消费此种生活用品的习惯
频次	60	44	162	80	15	73

选择频次居于第二位和第三位的选项是家人不喜欢和没有消费此种生

活用品的习惯，频次分别为 80 和 73，表明西部农村居民选购生活用品时会比较多地考虑家庭成员的感受，并且受消费习惯影响较大。

选择频次居于第四位的是对某种生活用品了解较少，这个选项和西部农村居民的消费习惯有比较密切的关联，西部农村居民对于没有使用过的或者了解比较少的生活用品缺乏尝试消费的冲动。此外，买不到、购买不方便也在一定程度上减少了西部农村居民将消费意愿转变成消费行为的机会。

选项品种少、选择余地小的频次最低，说明在目前消费环境下，消费市场上生活用品品种丰富多样，能较好地满足西部农村居民对生活用品多样性的需求。

依据表 5-2 可知：

西部农村居民食品消费的商品化程度取决于食品的自给自足程度。从表 5-2 中看出，西部农村居民购买频次位于前三位的食品分别为食用油、大米和肉类，这三类食品都是当地大多数农村居民自己很少生产和制作的消费品。这种消费现象符合人们消费的一般规律，另外，也表明西部农村居民的食品消费达到比较高的水平，除了传统的面食之外，大米和肉类也成为当地人们餐桌上常见的食品。

表5-2　经常购买的食品种类

项目	面粉	大米	肉类	食用油	馒头和面条等熟面食	熟肉食	糕点	其他
频次	72	138	108	149	29	15	21	13

我们也注意到馒头和面条等熟面食选项的选择频次为 29，这种情况表明，有一部分西部农村居民不再自己制作传统面食，而是选择购买现成的制品进行消费。有两种可能的原因造成上述现象：一是部分农村居民将承包的土地全部出租，自己选择商业经营等其他劳动方式，自家没有种植小麦等粮食作物；二是部分农村居民希望减轻家务劳动负担，在经济条件允许的情况下，选择购买制作好的食品直接消费。无论哪一种原因，都表明西部农村居民生活条件和生活水平具有一定程度的改善和提高，食品消费支出的商品化程度越来越高。

依据表 5-3 可知，西部农村居民无论是对食品的购买还是对其他生活用品的购买，都表现出比较淡薄的品牌消费意识。主要原因有三种，一是农村消费市场具有一定影响力的品牌较少，“杂牌”消费品给农村居民留下的印象不深；二是农村消费市场假冒伪劣商品一度泛滥，假品牌消费品对真品牌消费品造成一定的负面影响，人们对品牌消费品的信任度有待进一步提高；三是具有品牌的消费品价格一般比无品牌的消费品高出很多，对于收入水平相对较低的农村居民而言，选择物美价廉的生活消费品比选择具有品牌的生活消费品要重要得多。

表5-3 购买的食品有无品牌以及是否经常购买具有品牌的生活用品

项目	有品牌	无品牌	经常购买品牌生活用品	不经常购买品牌生活用品
频次	28	196	41	145

西部农村居民对于品牌消费品的态度，可以从他们回答另一个与品牌有关的问题时对各个选项选择的频次多少中得到佐证，如表 5-4 所示。

从表 5-4 中可以看出，西部农村居民在购买生活用品时，对具有品牌的消费品非常信任的频次为 11，比较信任的频次为 124，非常信任和比较信任的频次相加为 135，占总频次的 59.21%，表明西部农村居民对具有品牌的消费品有较高的信任度，之所以出现表 5-3 中所显示的购买有品牌生活用品的频次较低，主要原因应该是购买力不足。同时，其余的 40.79% 对具有品牌的消费品抱有无所谓、不太信任和根本不信任态度，表明在西部农村消费市场中，人们对具有品牌的消费品认可度仍然有待提高。形成这一现象的一部分原因是西部农村居民自身的经济条件和认知水平受到一定程度的制约，另一部分原因则和具有品牌的消费品的经销商和生产厂家有关，部分经销商受利益驱动出售假冒伪劣商品，部分厂家则基于销售成本和利润的考虑，对农村市场的开发缺乏积极主动性，这些都影响了西部农村居民对具有品牌的消费品的认知和接纳程度。

表5-4 购物时对具有品牌生活用品的信任程度

项目	非常信任	比较信任	无所谓	不太信任	根本不信任
频次	11	124	68	22	3

5.1.2 消费信息获得和消费品购买途径

从表 5-5 中可以看出，西部农村居民购买食品最常去的地方是小卖部，频次为 182，其次是集市和大超市（商场），频次分别为 137 和 109。小卖部成为农村居民购物的首选场所有其原因：对于经营者而言，小卖部成本低，货品周转灵活；对于消费者而言，小卖部和生活最贴近，距离近，货品相对丰富实用，价格低廉。此外，定期聚散的集市作为农村居民传统的消费市场，在西部农村仍然具有重要的不可替代的作用。同时，大超市、大商场随着社会经济的发展和生活水平的提高也逐步成为人们进行日常消费、经常光顾的场所。

表5-5 购买食品最常去的两个地方

项目	大超市（商场）	小卖部	集市	小商贩	其他
频次	109	182	137	10	5

在被问到购买生活用品最常去的地方时，被访者的选择频次和购买食品最常去的地方基本一致，所不同的是大超市、大商场和集市的频次排位略有不同，如表 5-6 所示。

表5-6 购买生活用品最常去的地方

项目	超市（商场）	小卖部	集市	流动商贩	其他
频次	118	160	107	9	0

在购买生活用品时，除了小卖部选择频次最高之外，西部农村居民更多地选择了超市和商场，一个原因是一些技术含量比较高的生活用品只能

在超市或商场里买到，集市上一般仅出售一些简单的日用生活物品；另外一个原因是集市的市场管理比较松散，超市或商场管理比较集中规范，两个经营场所所售物品的质量保证体系有所不同，也促使农村居民在购买生活用品时做出不同的选择。

在表 5-7 中可以看到，西部农村居民在选择生活用品购买场所时，首先考虑的因素是购买方便，他们希望可以随时随地购买到自己需要的物品。其次，价格公道也是西部农村居民选择购物场所时所关注的重点因素，对于经济条件还不是特别宽裕的西部农村居民而言，钱花得物有所值应该是他们重点关心的问题。另外，品种丰富、购买环境好和安全卫生有保障等选项也在西部农村居民选择购物场所时的考虑范围之内。

表5-7　选择购买生活用品场所的主要原因

项目	购买环境好	价格公道	安全卫生有保障	购买方便	品种丰富	购物所需时间少	其他
频次	50	114	47	156	59	39	2

从表 5-8 可以看到，西部农村居民购买生活用品时最常用的交通工具是摩托车，选择频次是 148。摩托车超越自行车作为常用代步工具，表明西部农村居民的生活水平有了一定程度的提高。摩托车价格比汽车低，速度比较快，也能较好地适应农村道路，对于西部农村居民而言，摩托车是性价比最高的交通工具。同时，我们也看到，西部农村居民购物交通工具中出现了公共汽车和私人汽车，虽然频次不高，分别为 31 和 11，但也表明西部农村的公共交通设施和农村居民的交通工具在逐步向城镇居民看齐。交通工具的更新换代拓展了西部农村居民的购物地域以及其购物选择范围。

表5-8　购买生活用品常用的交通工具

项目	步行	自行车	摩托车	公共汽车	私家汽车	其他
频次	50	80	148	31	11	3

从表 5-9 可以看到，西部农村居民主要通过电视广播获得生活用品的相

关信息，选择频次为 190，占总频次的 45.35%，远远高于其他信息获得方式，比排在第二位亲友的选择频次高出 108.8%。在西部农村，电视广播依然占据信息传播的霸主地位，西部农村居民主要通过电视搜集生活用品信息以做出适合自己需求的消费品购买决策。频次排在第二位的是亲友，可以看出西部农村居民的人际交往关系以亲友为主，对亲友的社会信任度比较高。同时可以看到，西部农村居民的网络资源利用率不高，选择频次和书籍报纸、商品推销员等选项基本相同，表明西部农村互联网普及程度较低，消费品信息获得方式比较传统和单一。

表5-9　获得生活用品相关信息的方式

项目	电视广播	收音机	网络	书籍报纸	亲友	商品推销员	其他
频次	190	20	39	41	91	32	6

5.1.3　消费态度和消费影响因素

根据杜森贝里的相对收入假说，消费者对自身消费状态的态度不仅取决于自身的绝对收入水平，也取决于与他人相比较而得到的相对收入水平。为了探究西部农村居民对自身收入水平的界定，问卷设计了如表 5-10 所示的问题。

表5-10　对自身收入阶层的界定

项目	低收入阶层	中低收入阶层	中等收入阶层	中高收入阶层	高收入阶层
频次	135	74	18	0	0

从表 5-10 中可以看出，绝大部分被抽样调查的西部农村居民将自己定位于低收入阶层，对低收入阶层的选择频次为 135，占总频次的 59.47%，远远高于其他选项的选择频次，选择中低收入阶层的频次为 74，选择中等收入阶层的频次仅为 18，中高收入阶层和高收入阶层的选择频次则均为零。

西部农村居民对自身处于低收入阶层的界定，一是因为他们的收入水平与其他区域的农村居民相比确实存在差距，更无法向城镇居民看齐；二是由于长时间对自身生活形成的刻板印象，即使收入水平有所提高，也依然觉得自己属于低收入阶层。客观上的低收入与主观意识中的低收入使得西部农村居民将自己与高收入、高消费群体区别开来，他们不能也不想放开手脚进行消费，高收入、高消费群体只是他们向往的远方目标，但他们自己不属于高收入、高消费群体，他们需要克制消费欲望以和自己的消费能力相匹配。这种阶层界定对西部农村居民的消费支出有非常大的抑制作用。

对西部农村居民进行自制食品消费原因的重要程度所做的调查显示（见表 5-11），人们认为自己制作的食品吃着放心最重要，其次是口味好和价格便宜。这表明西部农村居民对从外面买来的食品质量存有一定疑虑，如果食品质量不能保证，口味不好，价格又高，人们当然有理由选择自己制作食品来消费。对自己制作的食品外面没有卖的这一选项选择频次最低，表明消费市场上食品制成品的品种基本可以满足西部农村居民的消费需要，人们之所以选择自己制作食品并不是因为市场产品缺乏，而是因为质量和价格不能满足需求。

表5-11　消费原因重要程度

项目	自己制作食品吃着放心	自己制作的食品口味好	自己制作的食品便宜	自己制作的食品外面没有卖的	有些物品不想买是因买不到	有些物品不想买是因为太贵	有些物品不想买是质量太差	有些物品不想买是服务不好	有些物品不想买是不会用	有些物品不想买是不能用
频次	145	139	134	71	35	94	91	27	38	45

对西部农村居民不想购买某些物品的原因重要程度进行调查发现，人们不想购买某些物品的最重要原因是太贵，其次是质量太差，对这两个选项的选择频次分别为 94 和 91，远远高于其他原因的选择频次。这与前文的调查结论相一致，一方面表明西部农村消费市场上的产品价格与西部农村居民的收入水平符合程度较低，另一方面表明西部农村居民的收入水平还有待进一步提高。同时，人们对有些物品买来之后不能用这一原因也表示

了较高程度的关注。在一些经济欠发达地区，由于水电供应不足，一些家用电器不能正常使用，例如电冰箱和洗衣机。部分地区的农村居民虽然有消费这些家电的愿望和经济能力，但是，买来即成摆设的现实却让人们止步不前，不愿意进一步实现自己的消费行为。这种消费现象的存在提醒我们，农村基础设施的建设刻不容缓，需要认真规划和尽快实施。

西部农村居民在购买食品类生活用品时，对表 5-12 中所列八个因素的影响重要程度表现出不同的态度。对于价格是否公道、低廉，人们选择非常重要的频次最高，达到 99 次，认为比较重要的频次为 68，而选择无关紧要的频次仅为 9，表明西部农村居民对于价格因素的关注程度最高。对于食品类产品的安全状况，人们也表现出了较高的关注度，选择非常重要的频次达到 88，比较重要的频次达到 83。对于绿色、有机认证标识，选择比较重要的频次最高，其次是一般，频次分别为 77 和 74，表明人们对这项影响因素的关注度较低。对于品牌知名度，选择一般选项的频次最高，其次是比较重要的选项，频次分别为 82 和 51，表明人们对品牌知名度抱有比较平淡的态度。对于产品卫生状况，人们选择比较重要选项的频次最高，非常重要选择频次稍高于一般选项的频次，表明人们对食品类产品的卫生状况有一定程度的关注。对于售货员的服务态度和服务方式，选择一般选项的频次高达 93，表明人们并不太在乎售货员的服务态度和方式，他们对购物的关注仅仅停留在所购物品的价格、质量等层面上，而对于精神层面的消费则缺乏关注。对于购物的方便程度，西部农村居民对比较重要的选项选择频次最高，在交通工具和交通基础设施逐渐完备的趋势下，购物距离对人们的束缚程度在减小，但是，人们仍然将这项影响因素放在比较重要的位置上。对于食品的营养价值，非常重要和比较重要两个选项的选择频次均为 77，远高于其他选项，表明西部农村居民十分重视食品类消费品的营养价值。

表5-12　有关因素对购买食品类生活用品影响程度的评价

项目	无关紧要	不太重要	一般	比较重要	非常重要
价格是否公道、低廉	9	6	43	68	99
产品安全状况（如是否检测合格）	11	6	37	83	88

（续 表）

项目	无关紧要	不太重要	一般	比较重要	非常重要
绿色、有机认证标识	15	10	74	77	49
品牌知名度	30	30	82	51	32
产品卫生状况（如销售环境）	9	11	58	87	61
售货员的服务态度和服务方式	14	26	93	68	24
方便程度（即离家或单位的距离）	12	22	60	81	50
食品的营养价值	12	8	51	77	77

总之，西部农村居民在购买食品类生活用品时首先关注的是价格是否公道、低廉，其次是产品安全状况，再次是产品卫生状况，然后是购物的方便程度和食品营养价值；对于售货员的服务态度和服务方式、品牌知名度和绿色有机认证标识，西部农村居民则表现出比较平淡的消费态度。

从表 5-13 中可以看出，对于非食品类生活用品的购买影响因素，西部农村居民的关注程度和表 5-12 中所列示的内容有相同之处，也有不同之处。对于价格因素，西部农村居民表现出来了相同程度的关注，同时，他们也更关注非食品类产品的安全状况，结实耐用程度是西部农村居民最关心的因素，选择该因素非常重要选项的频次高达 112。西部农村居民认为安全认证标识和方便的售后服务对购买非食品类生活用品的影响比较重要。和表 5-12 相同的还有他们对品牌知名度和售货员服务态度服务方式的态度，也许在他们看来，品牌知名度只是形式而已，此外，基于同样的原因，他们对售货员的服务态度和方式选择了平淡对待。对于购买非食品类生活用品的方便程度，西部农村居民的消费态度基本和食品类生活用品相同。

表5-13　有关因素对购买非食品类生活用品影响程度的评价

项目	无关紧要	不太重要	一般	比较重要	非常重要
价格是否公道、低廉	7	13	37	68	99
产品安全状况（如是否检测合格）	10	9	36	68	101
安全认证标识	10	10	52	90	61

（续　表）

项目	无关紧要	不太重要	一般	比较重要	非常重要
品牌知名度	19	29	84	65	27
结实耐用，寿命长	6	11	40	54	112
售货员的服务态度和服务方式	7	33	93	66	24
方便程度(即离家或单位的距离)	9	26	72	69	47
有方便的售后服务	7	18	46	88	65

当被问到如果有一笔额外收入，最先考虑的是什么时，西部农村居民首先考虑的是让孩子去更好的学校学习，其次是存起来，这两个选项的选择频次分别为 121 和 109，分别占总频次的 44.65% 和 40.22%，远远超出其他选项的选择频次。可以看出，西部农村居民对后代教育的重视程度非常高，他们希望自己的后代比自己更有出息，能过上更好的生活。此外，因为一直以来对节俭生活的崇尚，以及对未来收入有较高程度的不确定性，对于一笔额外收入，西部农村居民不是胡乱花掉，而是存起来以备后用。

表5-14　对额外收入的处理

项目	存起来	买好吃的	买新衣服	看戏看电影	买摩托车	买汽车	买书看	让孩子去更好的学校学习
频次	109	8	9	0	2	12	10	121

为了探究西部农村居民对收入减少或增加的应对态度，问卷设计了两个开放性问题。第一个问题是，如果家里收入减少了，最先削减的消费品是什么，位于第一位和第二位的选项是衣着和食品，它们的选择频次分别为 102 和 37，排在第三位的是娱乐，选择频次为 7。这一结果表明，西部农村居民的生活消费水平处于较低级阶段，因为收入减少后，他们首先考虑减少的不是享受型的消费品，而是生存型消费品。第二个问题是，如果能挣到更多的钱，打算添置什么来改善生活，排在第一、第二和第三位的选项是汽车、居住和食品，选择频次分别为 53、34 和 24，排在第四位的选项是电脑，选择频次为 19。四个选项中既有比较时尚的消费品汽车和电脑，

又有传统的消费品居住和食品，表明西部农村居民消费意愿的多元性，同时也反映出他们的生活消费水平有待进一步提高。

5.1.4 消费安全和消费信贷

从表5-15可以看出，关于对当前食品安全形式的看法，选择频次最高的选项是有问题存在，但尚在可控制范围之内，选择频次为107，其次是问题较严重，呈恶化趋势，选择频次为49。从这个问题的回答中，可以发现西部农村居民对食品安全形势基本持乐观态度，这将有助于食品消费水平的进一步提高。

表5-15 对当前食品安全形势的看法

项目	没什么大问题不必大惊小怪	有问题存在但尚在可控制范围之内	问题较严重且呈恶化趋势	不清楚
频次	32	107	49	43

从表5-16可以看出，西部农村居民选择频次最高的选项是不购买流动商贩的商品，选择频次为110，但是，我们从前文了解到，西部农村居民最常去的购物场所是小卖部和集市，而不是流动商贩，所以这一措施的效果到底有多大，不免令人怀疑。排在第二、第三和第四位的选项是尽量选择在大超市或大商场购买、注意媒体报道，选择其推荐的商品以及固定几家有信誉的企业或几个品牌购买，它们的选择频次分别为94、69和68。同样的道理，相对于西部农村居民常去的购物场所小卖部和集市，这几个选项真正实施起来存在一定的难度，所以，为避免农村居民购买到有质量问题的生活用品，仅依靠农村居民自己的力量是远远不够的。

表5-16 为避免购买到有质量问题的生活用品所采取的措施

项目	不购买流动商贩的商品	不在集市上购买	不在小卖部购买	固定几家有信誉的企业或几个品牌购买	注意媒体报道选择其推荐的商品	尽量选择在大超市或大商场购买	其他
频次	110	23	10	68	69	94	4

从表 5-17 可以看出，对于如何处理购买的生活用品出现质量问题，西部农村居民选择自认倒霉选项的频次最高，其次是向销售商退换，再次是要求维修，三个选项的选择频次分别为 95、92 和 45。之所以产生这样的结果，第一是由于部分农村居民维权意识不强，不懂如何维护自身的消费权益；第二是一些农村居民购买的生活用品本身价值不高，不值得“兴师动众”去向销售商或者厂商讨回公道；第三是和农村居民购买物品的场所有关，比如买了流动商贩销售的商品，等发现购买的物品有质量问题时，流动商贩已经不见踪影，在一些集市上也存在同样的问题；第四是农村居民感觉维权过程复杂，并且效率不高，所以干脆放弃对自身消费权益的维护；第五是多购买熟人产品，不愿为小事与熟人不愉快。解决西部农村居民的消费权益保障问题，一方面需要提高西部农村居民的维权意识；另一方面需要政府部门下大力气规范农村市场运营管理；此外，普及消协维权知识并应该充分发挥消费协会一类组织的维权作用，提高协会运作效率，使农村居民消费权益得到可靠的保障。

表5-17　购买的生活用品在出现质量问题时的处理方式

项目	自认倒霉	向销售商退换	向厂商退换	要求维修	向消协反映	其他
频次	95	92	26	45	16	0

从表 5-18 和表 5-19 中可以看出西部农村居民消费信贷的主要用途，用于孩子学习费用的最多，选择频次高达 106，比第二位看病选项的选择频次 54 高出 96.3%，这和西部农村居民有一笔额外收入时，最先考虑的是让孩子去更好的学校读书的调查结果殊途同归。一般而言，借贷对于传统观念浓厚的农村居民而言是不得已而为之的事情，西部农村居民也不例外，但为了孩子的学习，他们心甘情愿地借贷、背负债务。除了孩子的教育之外，看病和盖房也有较高的选择频次，看病和盖房都是西部农村居民消费支出比较多的消费项目，一些农村居民的收入水平不高，看病和盖房又是不可或缺的消费，所以借贷不可避免。另外，西部农村居民借钱看病的频次比较高也提醒我们，农村医疗保险工作的推进还需要进一步加大深度和广度。

表5-18 贷款的主要用途

项目	买粮食	买衣服	盖房	看病	买电冰箱、洗衣机	孩子的学习费用
频次	14	23	38	54	4	106

表5-19 贷款的主要用途

项目	旅游	买电视	买电脑	其他	买书、报纸、杂志	买手机、安装电话
频次	3	1	5	16	8	6

从表 5-20 中看出，西部农村居民借贷来源的首选是亲戚朋友，选择频次为 121，远远超出居于第二、第三位的农村信用社和银行，农信社和银行的选择频次分别为 67 和 43。在农村以亲戚朋友为交往基础的熟人社会里，亲戚朋友互相借钱是比较常见的事情，人们借钱首选亲戚朋友是可以理解的。但同时，农村信用社和银行也应该更多地把注意力投放到农村居民消费信贷上面，制定便捷高效的借贷制度，为农村居民排忧解难。

表5-20 借贷来源及贷款程序评价

项目	借贷来源					贷款程序	
	银行	农信社	小额贷款公司	亲戚朋友	其他	不复杂	复杂
频次	43	67	5	121	4	44	92

对于贷款程序的复杂程度，西部农村居民对复杂的选择频次为 92，不复杂的选择频次为 44，前者比后者高出 109.1%，大多数人认为贷款程序复杂，表明银行或者是农村信用社针对农村居民的借贷制度有必要做出进一步的改进和完善，应该为西部农村居民提供更方便快捷的借贷服务。

依据西部农村居民对没有贷款原因的选择频次可以看出，除了不需要贷款之外，手续太复杂、利息太高和担心还不起成为农村居民不选择贷款的主要原因。借贷门槛高、手续复杂和较高的利息减少了农村居民的借贷行为。

表5-21　没有贷款的原因

项目	不需要贷款	手续太复杂	需要走关系	利息太高	不知道可以贷款	担心还不起	其他
频次	65	71	29	53	3	51	1

通过对西部农村居民消费意愿和消费行为的抽样调查分析，可以得出以下结论：

（1）西部农村居民的消费意愿和消费行为受收入水平、消费习惯、家人喜好、购买方便与否等因素的影响较大。食品消费的商品化程度与他们的生活水平和食品种类的自给自足情况有关。

（2）西部农村居民对品牌消费品具有较高的信任度，但同时也仍然有超过三分之一的人对品牌消费品抱有无所谓、不太信任和根本不信任态度，表明在西部农村消费市场中，人们对品牌消费品的认可度仍然有待提高。

（3）西部农村居民进行购买决策获得消费信息的渠道仍然比较传统，主要依靠电视广播和亲戚朋友推荐得到需要的信息，对互联网等比较快捷的信息获取方式使用较少。购物场所以小卖部、集市和大超市为主，以骑乘摩托车、自行车和步行为主要出行方式，选择购物场所主要考虑因素是价格是否公道、购物是否方便。

（4）大多数西部农村居民将自己定位于低收入阶层和中低收入阶层，这对他们的消费心理有较多的负面影响，客观收入条件的约束和较低的心理预期，抑制了西部农村居民实现更高消费水平的意愿。

（5）消费品不能满足特定要求和质量不高严重抑制了西部农村居民的消费意愿。基础设施建设没有与消费需求同步发展也在一定程度上阻抑了西部农村消费市场的发展。同时，对售货员的服务态度和服务方式表现出相当程度的漠视，表明大多数西部农村居民的消费需求仍然较多地停留在实物消费层次。

（6）西部农村居民对未来消费的不确定性程度比较高，当有额外收入时，首先是用于让后代接受更好的教育，其次是把钱存起来备用。这也从侧面表明了农村社会保障制度建设的艰巨性和紧迫性。

（7）西部农村居民对食品消费品的安全形势总体呈乐观态度。但是，在购买到有质量问题的消费品时，却有相当一部分人表现出自认倒霉、无可奈何的态度。同时，他们为避免购买到有质量问题的消费品所采取的措施也缺乏执行条件，西部农村居民的消费权益保障形势不容乐观。

（8）西部农村居民对待消费借贷的态度总体而言趋于消极。一方面是由于在农村社会的传统观念里，借贷是没有面子的事情，借贷还不起钱更会令欠债者在乡亲邻里面前颜面尽失，社会信用度会大打折扣；另一方面，农村金融机构的借贷制度与农村居民的借贷能力不相匹配，农村居民要么较难满足借贷条件，要么因借贷手续复杂而退避三舍。

5.2 家庭成员消费分配

本节以西部农村居民家庭成员的性别、年龄为依据，对不同性别、不同年龄家庭成员的生活消费支出进行统计分析，探究西部农村居民家庭消费分配现状，力图从西部农村居民的消费品家庭分配角度发现提高其消费水平，改善其消费结构的有效措施。

考虑到生活用品的个人可分性，选择了衣着消费，美容、化妆品，洗浴用品，汽车、摩托车及维修费、燃油费和保险费，三轮车、自行车及维修费，空调、电风扇及维修费，电脑及宽带费、维修费，手机及通话费、维修费，电视、影碟机及维修费，旅游、摄影，学杂费，技术培训费，书报杂志、纸张文具，金银珠宝饰品，理发、洗澡，药费、诊费和检查费，手术费，滋补品、保健品和营养品等 18 类生活消费用品进行分析。家庭成员分为 0–3 岁、4–14 岁、15–25 岁、26–50 岁、51 岁及以上 5 个年龄段，除了 0–3 岁，其他年龄段又按性别进行分类。

依据表 5-22 列出的数据分析如下：

（1）消费支出总量。男性家庭成员的消费支出总量在 4–14 至 51 岁及以上 4 个年龄段均大于女性家庭成员，26–50 岁年龄段的男性消费总量高出女性最多；为 57.0%，15–25 岁年龄段的男性消费总量高出女性 33.1%，排在第二位；4–14 岁年龄段为 25.7%，居于第三位；51 岁及以上年龄段为 16.0%，居于第四位。越是年富力强的年龄阶段，男性的消费总量高出女性就越多，到了 51 岁及以上年龄段，男性和女性消费总量的差别减至最低。

一般而言，在农村家庭里，男性是主要劳动力，男性家庭成员给家庭带来的收入高于女性，自然而然地，越是年富力强的男性给家庭带来的收入也越高。依据各年龄段的男女消费总量数据对比，有理由得出以下结论：在西部农村家庭里，生活用品消费支出的分配和家庭成员为家庭带来的收入紧密相关，两者呈正相关关系。

（2）衣着消费支出。0–3 岁婴幼儿的人均衣着消费支出最高，其次是 26–50 岁女性，分别为 803.57 元 / 人和 693.19 元 / 人。在 15–25 岁和 26–50 岁两个年龄段，女性家庭成员的人均衣着消费均高出男性，4–14 岁和 51 岁及以上年龄段，则是男性家庭成员高于女性家庭成员。在强劳动力年龄段（15–50 岁），女性家庭成员的衣着消费较高，在弱劳动力年龄段（4–14 岁和 51 岁及以上），男性家庭成员的衣着消费较高。

（3）美容、化妆品消费支出。在 4 岁之后划分的 4 个年龄段里，女性家庭成员的美容、化妆品消费支出均高于男性。其中，在 26–50 岁年龄段，女性家庭成员高出男性最多，多达 246.0%，4–14 岁年龄段差别最小，女性家庭成员高出男性 71.9%。0–3 岁婴幼儿的美容、化妆品消费支出以人均 55.21 元的数额排在第三位，超出消费支出最低的 4–14 岁男性家庭成员 211.0%。

（4）洗浴用品消费支出。洗浴用品消费支出在家庭成员中的分布和衣着消费支出非常相似。0–3 岁婴幼儿的人均消费支出最高，为 57.93 元 / 人，其次是 26–50 岁年龄段女性，为 50.00 元 / 人。在 15–25 岁和 26–50 岁两个年龄段，女性家庭成员的人均洗浴用品消费均高出男性，4–14 岁和 51 岁及以上两个年龄段，则是男性家庭成员高于女性家庭成员。在强劳动力年龄段（15–50 岁），女性家庭成员的洗浴用品消费支出较高，在弱劳动力年龄段（4–14 岁和 51 岁及以上），男性家庭成员的洗浴用品消费支出较高。

（5）汽车、摩托车及维修费、燃油费、保险费消费支出。关于该项消费支出，男性家庭成员明显高于女性家庭成员，其中 26–50 年龄段的男性消费支出高出女性达 291.00%。在所有家庭成员中，26–50 岁年龄段的男性家庭成员是该项消费支出的最多者，这个年龄段的男性家庭成员一般均为家庭的主要劳动力，是家里的顶梁柱，担负的生产工作任务也最多最重，所以他们的该项消费支出也最多。

（6）三轮车、自行车及维修费消费支出。该项消费支出的消费分配结构和汽车、摩托车及维修费、燃油费、保险费消费支出基本相似。唯一不同的是 4–14 岁男性家庭成员的消费支出低于 4–14 岁女性，这应该缘于该年龄段女性较男性发育成熟，对于三轮车和自行车一类的交通工具的使用易于学习和掌握。

（7）空调、电风扇及维修费消费支出。各个年龄段对该项消费支出的分配比较均匀，0–3 岁婴幼儿和 51 岁及以上男性家庭成员消费支出较低。考虑到身体对冷热温度变化的适应程度，空调和电风扇对于低龄人群和高龄人群并不总是适宜的，上述两个年龄段的家庭成员该项消费支出较低应该与此有关。

（8）电脑及宽带费、维修费消费支出。15–25 岁年龄段的男性家庭成员对电脑相关消费支出最高，一般来说，该年龄段的家庭成员接受新鲜事物的速度比较快、思维比较活跃，基本上也多在受教育阶段，对电脑使用较多，尤其是男性家庭成员，对电脑感兴趣的程度往往大于女性。该项消费支出居于第二位的是 26–50 岁年龄段的男性家庭成员。

（9）手机及通话费、维修费消费支出。该项消费支出最高的是 26–50 岁年龄段男性家庭成员，人均消费支出为 511.00 元 / 人。男性与女性消费支出差别最大的是 26-50 岁与 51 岁及以上年龄段的家庭成员，在这两个年龄段，男性家庭成员的消费支出均高于女性，分别高出 57.00% 和 153.00%，4 岁以上其他两个年龄段的不同性别家庭成员的消费支出则差别不大，表明不同性别的年轻人对手机的消费支出趋于相同。

（10）电视、影碟机及维修费消费支出。在该项消费支出中，0–3 岁婴幼儿的消费支出最高，高达 88.50 元 / 人，这应该与婴幼儿的早期教育有关。消费支出数额居于第二位的是 26–50 岁年龄段男性家庭成员，同时，在 4 岁以上所有年龄段中，男性家庭成员的消费支出均大于女性。

（11）旅游、摄影消费支出。该项消费支出最多的是 15–25 岁年龄段的女性家庭成员，其次是 4–14 岁年龄段的男性家庭成员，分别为 39.77 元 / 人和 28.00 元 / 人，居于第三位的是 26–50 岁年龄段的女性家庭成员，数额为 4.24 元 / 人。可以看出，旅游、摄影消费支出在不同年龄段的家庭成员中差别巨大，并且该项消费支出主要集中在年轻人群当中。作为一项享受型消费支出，本身在家庭成员之间分配的极不均衡也表明西部农村居民的消费水平仍然有待进一步提高。

（12）学杂费消费支出。该项消费支出最多的是 15–25 岁年龄段的男性家庭成员，其次是 15–25 岁女性家庭成员，他们的学杂费消费支出分别为 2 483.93 元 / 人和 1 653.41 元 / 人；居于第三、第四位的是 4–14 岁男性家庭成员和该年龄段的女性家庭成员，其消费支出分别为 904.44 元 / 人和 883.79 元 / 人；此外，0-3 岁婴幼儿和 26–50 岁男性家庭成员也有一部分学杂费支出。学杂费分布呈特别明显的年龄特征，15–25 岁一般为读高中和大学阶段，4–14 岁一般为读小学和初中阶段，26–50 岁一般为研究生在读，其中，高中和大学阶段学杂费较高。同时也发现，15–50 岁年龄段的不同性别学杂费差别较大，男性家庭成员学杂费支出高出女性家庭成员较多，表明该年龄段男性家庭成员的受教育程度高于女性。

（13）技术培训费消费支出。15–25 岁年龄段男性家庭成员该项消费支出的数额最大，高达 53.50 元 / 人，25–50 岁年龄段的男性家庭成员以人均消费支出 2.62 元居于第二位，两者差距巨大。据此可以有两个推断，一个推断是，在西部农村地区，男性家庭成员仍然扮演挑大梁的角色，是家庭中的主要劳动力，为更好地给家庭创收，需要较多技术技能方面的培训；另一个推断是，技术培训涉及的人群比较集中，还应该在人群普及程度上增强推广力度。

（14）书报杂志、纸张文具消费支出。该项消费支出与学杂费消费支出基本是一致的，所不同的是 51 岁及以上男性和女性家庭成员对书报杂志、纸张文具也有一部分消费支出，表明西部农村老年居民对精神文化生活有一定的追求，也是中国传统观念中老有所养、老有所乐的具体体现。

（15）金银珠宝饰品消费支出。该项消费支出性别和年龄特征明显，消费支出最多的是 26–50 岁年龄段的女性家庭成员，数额为 239.24 元 / 人，位居第二、第三位的是 15–25 岁、4–14 岁年龄段的女性家庭成员，数额分别为 59.09 元 / 人和 0.69 元 / 人，其他家庭成员的消费支出为零。

（16）理发、洗澡消费支出。理发、洗澡消费支出的分配相对而言比较均衡，但也表现出一定程度的性别和年龄差距。除了 51 岁及以上年龄段，其他年龄段的女性家庭成员在理发、洗澡上面的消费支出均高于男性，并且，26–50 岁年龄段的女性消费支出高于 15–25 岁和 4–14 岁两个年龄段的女性。

（17）药费、诊费和检查费消费支出。该项消费支出最多的是 0–3 岁婴幼儿，其次是 51 岁及以上的男性家庭成员，再次是 51 岁及以上的女性家庭成员，他们消费的数额分别是 777.36 元 / 人、696.65 元 / 人和 596.58 元 /

人，其他家庭成员的该消费支出则均低于 200 元 / 人，并且各个年龄段男性家庭成员的消费支出均高于女性。该调查结果表明，在西部农村居民中的医疗保障重点人群是老人和儿童，此外，因为男性家庭成员承担家庭生存和发展的任务较重，他们的身体健康状况也应该是重点关注的目标之一。

（18）手术费消费支出。该项消费支出最多的 51 岁及以上男性和女性家庭成员，数额分别为 370.24 元 / 人和 376.47 元 / 人，此外，26–50 岁和 15–25 岁两个年龄段的男性的手术费用分别为 185.19 元 / 人和 93.46 元 / 人，其他家庭成员的消费支出则全部为零。该调查结果给我们的提示和药费、诊费和检查费消费支出的调查结果是一样的。

（19）滋补品、保健品和营养品消费支出。该项消费支出居于第一、第二位的是 0–3 岁婴幼儿和 4–14 岁年龄段的男性家庭成员，数额分别为 166.64 元 / 人和 146.44 元 / 人，居于第三、第四位的是 51 岁及以上女性和男性家庭成员，数额分别为 61.09 元 / 人和 52.12 元 / 人。该项调查结果表明，西部农村老人和儿童是身体保健的重点人群。

主要结论如下：

（1）总体而言，在西部农村家庭的生活用品消费支出分配中，男性家庭成员占有优势地位，其中，15–25 岁年龄段的男性家庭成员的消费优势地位最明显。消费分配偏重于家庭中当前和未来的主要劳动力（如图 5-1）。

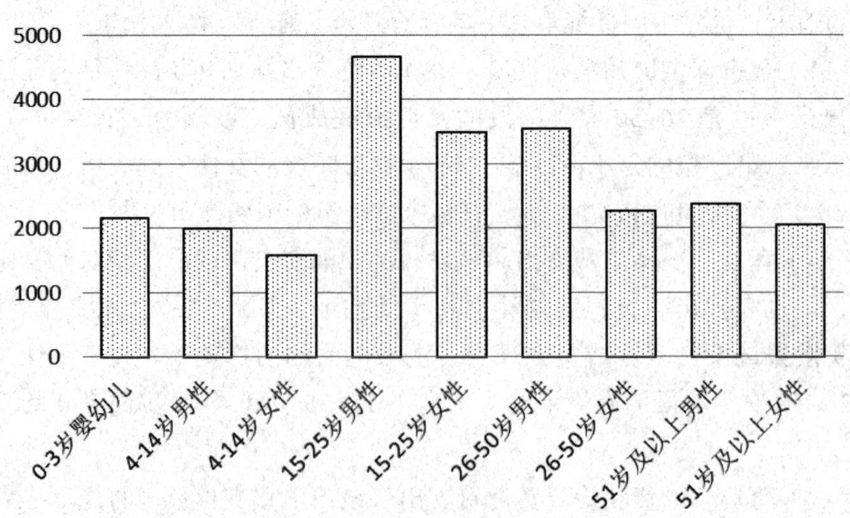

图 5–1 西部农村居民家庭成员消费总量分配

表5-22　年消费金额

生活用品＼家庭成员	0-3岁婴幼儿	4-14岁男性	4-14岁女性	15-25岁男性	15-25岁女性	26-50岁男性	26-50岁女性	51岁及以上男性	51岁及以上女性
衣着消费（包括服装、布料、鞋帽类、衣着加工修理费等）	803.57	411.11	287.10	480.06	540.35	593.62	693.19	322.33	314.42
美容、化妆品	55.21	17.76	30.52	31.54	64.03	34.73	120.18	27.44	50.41
洗浴用品（包括洗发液、沐浴液等）	57.93	30.11	18.83	33.02	39.20	43.27	50.00	20.55	20.02
汽车、摩托车及维修费、燃油费、保险费	0.00	9.44	0.00	347.45	265.17	1554.69	397.36	429.24	304.18
三轮车、自行车及维修费	0.00	2.33	7.62	17.55	16.07	50.40	39.21	30.79	22.47
空调、电风扇及维修费	5.57	26.16	34.83	37.30	34.84	35.68	35.35	13.08	34.96
电脑及宽带费、维修费	0.00	101.24	81.31	331.80	101.70	128.25	83.82	62.82	77.68
手机及通话费、维修费	0.00	39.11	39.55	432.34	407.10	511.00	325.79	242.74	96.06
电视、影碟机及维修费	88.50	31.53	22.66	34.46	26.45	50.27	34.69	44.25	37.47
旅游、摄影	0.00	28.00	0.00	2.80	39.77	1.05	4.24	2.62	2.00

（续 表）

生活用品＼家庭成员	0–3 岁婴幼儿	4–14 岁男性	4–14 岁女性	15–25 岁男性	15–25 岁女性	26–50 岁男性	26–50 岁女性	51 岁及以上男性	51 岁及以上女性
学杂费	153.57	904.44	883.79	2483.93	1653.41	135.06	0.00	0.00	0.00
技术培训费	0.00	0.00	0.00	53.50	1.42	2.62	2.15	0.00	0.00
书报杂志、纸张文具	0.00	36.56	24.07	57.66	33.69	2.36	0.85	5.36	3.33
金银珠宝饰品等	0.00	0.00	0.69	0.00	59.09	0.00	239.24	0.00	0.00
理发、洗澡等	37.86	32.58	43.97	62.39	87.82	42.88	90.51	53.44	48.52
药费、诊费、检查费等	777.36	171.47	83.10	109.43	91.39	151.59	117.34	696.65	596.58
手术费	0.00	0.00	0.00	93.46	0.00	185.19	0.00	370.24	376.47
滋补品、保健品、营养品等	166.64	146.44	23.97	41.06	32.05	20.39	22.27	52.12	61.09

（2）对衣着、美容化妆品、洗浴用品和金银珠宝饰品等消费支出而言，主要消费人群是 0–14 岁婴幼儿及儿童，以及各个年龄段的女性家庭成员。4–14 岁和 51 岁及以上女性家庭成员则在衣着、洗浴用品和金银珠宝饰品等消费支出方面表现出一定程度的弱势。

（3）在汽车、摩托车、三轮车、自行车、电脑、手机、电视、影碟机等机电类消费品（服务）的消费支出方面，男性家庭成员占据优势地位，尤其是 26–50 岁年龄段的男性家庭成员的消费优势地位非常明显。

（4）上学读书、技术培训、书报杂志、纸张文具等与教育有关的消费支出，以 4–25 岁年龄段的男性和女性家庭成员为主要消费力量。同时，男性家庭成员的消费支出高于女性家庭成员。

（5）药费、诊费、检查费、手术费和滋补营养保健费等医疗保健消费支出，以 0–14 岁婴幼儿及少年儿童和 51 岁及以上的中老年人群为主。就性别而言，男性家庭成员的消费支出总体上高于女性家庭成员。

5.3 消费影响因素

依据对陕西和甘肃两个省份 238 户农村居民家庭的问卷调查情况，从家庭成员构成情况、家庭经济条件以及家庭外部消费环境等几个方面选择相关的解释变量展开分析，对消费影响因素进行模型实证评估。

5.3.1 模型与变量

随着社会生活的进步和社会经济的发展，西部农村居民家庭的生活条件也逐步得到改善，消费环境越来越有利于西部农村居民消费意愿的实现，结合农村居民实际消费情况和问卷调查结果，将对和西部农村居民家庭消费关系密切的 18 个影响变量进行实证分析。

臧旭恒在分析不同消费函数理论中的消费者行为假定时指出，消费者在进行跨时预算时不应该具有流动性约束。在两种情况下可以避免消费者产生流动性约束，一是具有可以利用的以前所得资产，二是具有不受约束的借贷能力。对于西部农村居民而言，首先是资产余额明显偏低，以 2012 年为例，其资产余额为 693.1 元 / 人，仅为全国平均水平（1385.2 元 / 人）的 1/2，约为东部地区（2521.8 元 / 人）的 1/4；此外，西部农村居民 2012 年的财产性收入仅占纯收入的 2.6%，低于全国平均水平（3.1%）和东部地区（4.2%）。其次是西部农村居民的借贷能力偏弱，一方面是由于贷款手续复杂、贷款门槛高等造成的贷款困难，另一方面则是受到崇尚节俭，不习惯借钱消费等传统观念的束缚所致。可以看出，西部农村居民的跨时预算是受到流动性约束限制的，其消费支出主要取决于现期收入水平，消费函数与凯恩斯的绝对收入假说符合程度较高。因此，将对凯恩斯的绝对收入假说进行拓展，建立如下计量消费模型分析西部农村居民消费支出的影响因素：

$$lxf_i = \alpha + \beta lshr_i + \gamma_{ij} W_i + u_i \qquad (5\text{-}1)$$

在上述公式（5-1）中，$W = \sum w_j$；$i = 1,2,3\ldots,m$；$j = 1,2,3\ldots,n$。m 是被抽样调查的西部农村居民家庭户数，n 是消费支出影响变量的个数，变量描述见表 5-23 和表 5-24。

表5-23　解释变量（影响变量）描述

变量	代码	描述	主要考察目标
收入	LSHR	家庭成员人均纯收入，在模型中取对数	家庭经济消费能力
户主学历	JNX	户主受教育年限	家庭消费观念与消费视野
老人抚养系数	LRX	家庭中 65 岁以上家庭成员与 15-64 岁家庭成员的比例	家庭消费负担
儿童抚养系数	ETX	家庭中 14 岁以下家庭成员与 15-64 岁家庭成员的比例	家庭消费负担
男性家庭成员占比	NAN	男性家庭成员占家庭总人数的比例	家庭消费促进作用
是否外出打工	WDG	虚拟变量，家庭成员中是否有人离家在外以劳动换取报酬	家庭消费能力与消费视野
可否上网	SHW	虚拟变量，家中是否有可以上网的电脑	家庭消费视野和方式
是否接通自来水	ZLS	虚拟变量，家中是否不用人工打水而自动获得生活用水	基础设施建设的影响

（续　表）

变量	代码	描述	主要考察目标
是否在城里有亲戚朋友	CQQ	虚拟变量，家中是否有联系比较密切的在城镇生活的亲戚朋友	家庭消费视野
距县城距离	XSJ	家庭所在村庄距离县政府所在地的实际距离	家庭购物是否方便
距乡镇距离	XZJ	家庭所在村庄距离镇政府所在地的实际距离	家庭购物是否方便
距最近公路的距离	GLJ	家庭所在村庄距离最近的乡道以上等级公路的实际距离	基础设施建设的影响
距小卖部的距离	MBJ	住房距离最近小卖部的距离	商业网点布局的影响
距超市的距离	CSJ	住房距离最近超市的距离	商业网点布局的影响
是否加入合作社	HZS	虚拟变量，是否加入村里的专业合作社	家庭经济消费能力
耕地面积	DMJ	家庭当年拥有的耕地面积	土地资产对消费的影响
医疗保险	KBX	虚拟变量，家庭成员是否加入医疗保险	消费保障
养老保险	LNX	虚拟变量，家庭成员是否加入养老保险	消费保障

注：对于表中所有虚拟变量，是为 1，否为 0

模型被解释变量有 9 个，分别为被抽样调查的西部农村居民家庭的人均总消费支出以及八个分类别的人均消费支出的对数，变量及代码见表 5-24。

表5-24　被解释变量及代码

变量	人均总消费	人均食品消费	人均衣着消费	人均居住消费	人均家庭设备及用品消费	人均交通通讯消费	人均文教娱乐消费	人均医疗保健消费	人均其他消费
代码	LZXF	LSHP	LYZH	LJZH	LJSB	LJTX	LWYL	LYBJ	LQTA

5.3.2 模型参数估计与结果

模型参数用计量分析软件 Eviews6.0 进行估计，估计方法采用 p 值设为 0.1 的前进逐步回归法。逐步回归法是一种选择自变量最优子集的方法，一般通过优化某一统计量来选择最优子集，Eviews6.0 采用的优化准则是最大 t 值和最小 p 值。前进逐步回归法是逐步回归法的一种，是单向前进逐步回归和单向后退逐步回归的结合，综合了两者的优点，总体思想是有进有出。模型参数估计结果见表 5-25。

从表 5-25 中的模型估计结果可以看出：

（1）对西部农村居民人均总消费影响显著的解释变量有人均纯收入、儿童抚养系数、男性家庭成员占比、可否上网、是否接通自来水、距最近公路的距离和距超市的距离。

其中，儿童抚养系数的估计参数为负。表明儿童作为家庭中的非劳动力，会减少家庭成员的人均消费。儿童是纯消费人群，会摊薄家庭成员的人均纯收入从而给家庭消费支出带来负面效应。

其他表现显著的解释变量均对总消费支出有正面影响。除人均纯收入之外，男性家庭成员占比影响最大，其估计系数为 0.906，可否上网和是否接通自来水估计系数则分别为 0.352 和 0.413。可见，男性家庭成员越多，西部农村居民消费支出越多，同时，互联网的应用开拓了西部农村居民的消费视野，也为购物提供了便利条件。

通过调查可知，被抽样调查的西部农村居民基本不存在用电不正常的情况，但已经接通自来水的家庭还未达到一个较高的比例，所以自来水是否接通可在一定程度上代表当地基础设施建设的完善情况。是否接通自来水的估计系数为 0.413，表明基础设施建设对西部农村居民的人均消费具有正向促进作用。

此外，距最近公路的距离和距超市的距离这两个变量的估计参数也为正值，似乎表明距离越远，消费支出越多。通过调查可知，西部农村居民已经具备了比较快捷的出行条件，距离远近对农村居民购物方便程度的束缚在逐渐减小，同时，距离较远的购物场所所具有的物品异质性比较高，容易刺激人们的购买欲望，因此，距离变量的估计参数出现正值也在情理之中。同时也注意到，两个变量的估计系数值很小，分别为 0.004 和 0.000，小到几乎可以忽略不计，表明距离对西部农村居民的消费支出影响甚微。

表5-25　模型估计结果

被解释变量 解释变量 LZXF		人均总消费	人均食品消费	人均衣着消费	人均居住消费	人均家庭设备及用品消费	人均交通通讯消费	人均文教娱乐消费	人均医疗保健消费	人均其他消费
		LSHP	LYZH	LJZH	LJSB	LJTX	LWYL	LYBJ	LQTA	
收入	LSHR	0.260 ***	0.236 ***	0.267 ***		0.308 ***	0.664 ***			
户主学历	JNX								(0.119) *	
老人抚养系数	LRX				(0.688) ***		(0.403) *			
儿童抚养系数	ETX	(0.333) **								
男性家庭成员占比	NAN	0.906 ***								
是否外出打工	WDG									

（续　表）

被解释变量 解释变量 LZXF		人均总消费	人均食品消费	人均衣着消费	人均居住消费	人均家庭设备及用品消费	人均交通通讯消费	人均文教娱乐消费	人均医疗保健消费	人均其他消费
		LSHP	LYZH	LJZH	LJSB	LJTX	LWYL	LYBJ	LQTA	
可否上网	SHW	0.352 ***			0.398 *	0.593 ***	0.482 ***	2.014 ***		
是否接通自来水	ZLS	0.413 ***		1.035 ***	1.192 ***		0.502 **		1.241 ***	0.748 **
是否在城里有亲戚朋友	CQQ								0.652 **	0.406 **
距县城距离	XSJ								(0.007) *	
距乡镇距离	XZJ			(0.018) *						

（续　表）

被解释变量 解释变量 LZXF		人均总消费	人均食品消费	人均衣着消费	人均居住消费	人均家庭设备及用品消费	人均交通通讯消费	人均文教娱乐消费	人均医疗保健消费	人均其他消费
		LSHP	LYZH	LJZH	LJSB	LJTX	LWYL	LYBJ	LQTA	
距最近公路的距离	GLJ	0.004 ***		0.022 **			0.005 **			0.012 ***
距小卖部的距离	MBJ									(0.000) ***
距超市的距离	CSJ	0.000 *	0.000 **	0.000 **	0.000 *					0.000 ***
是否加入合作社	HZS					(0.337) **				
耕地面积	DMJ		0.017 ***							(0.029) **

（续　表）

被解释变量 解释变量 LZXF		人均总消费	人均食品消费	人均衣着消费	人均居住消费	人均家庭设备及用品消费	人均交通通讯消费	人均文教娱乐消费	人均医疗保健消费	人均其他消费
		LSHP	LYZH	LJZH	LJSB	LJTX	LWYL	LYBJ	LQTA	
医疗保险	KBX			0.040 *						
养老保险	LNX		(0.239) **				0.514 **	(1.301)**	0.931 **	

注： *** 表示估计参数在 1% 的水平上显著，** 表示估计参数在 5% 的水平上显著，* 表示估计参数在 10% 的水平上显著；括号内数字为负数

（2）关于其他被解释变量影响因素的显著程度，可以从解释变量的角度进行分析。

人均纯收入对食品消费支出、衣着消费支出、家庭设备及用品消费支出和交通通讯消费支出具有显著影响，估计系数皆为正值，显著水平均为 1%。其中，对交通通讯消费支出的正向影响最大，估计系数高达 0.664。

户主受教育年限对医疗保健消费支出有负向影响，估计系数为 -0.119。户主的受教育年限越多，受教育程度越高，越注重对身体的呵护，也越懂得如何保证自己的身体健康，得病的概率自然就会降低，医疗保健消费支出和户主受教育年限呈负向关系也就不足为奇了。

老人抚养系数对居住消费支出和交通通讯消费支出有负向影响，估计系数分别为 –0.688 和 –0.403。65 岁以上的家庭成员为家庭带来的收入下降很多，甚至收入为零，但他们依然需要衣食住行的消费支出。正如莫迪利安尼生命周期假说所阐述的，此时他们在消费以前储存起来的收入，这势必造成家庭收入的缩水，即家庭成员人均收入的下降。所以，老人抚养系数越高，家庭消费也就越低。

可否上网则对居住消费支出、家庭设备和用品消费支出、交通通讯消费支出和文教娱乐消费支出均有正向影响，尤其是对文教娱乐消费支出的正向影响最大，估计系数为 2.014。互联网不仅是人们办公的得力工具，同时也带给人们很多娱乐项目，诸如在网上看电影、看电视、玩游戏等等。可否上网对消费支出具有显著的正向促进作用。

是否接通自来水对衣着消费支出、居住消费支出、交通通讯消费支出、医疗保健和其他类消费支出均有显著的正向影响，估计系数最高达 1.241，表明西部农村的基础设施建设对消费支出有非常重要的正向促进作用。

是否在城里有亲戚朋友对医疗保健消费支出和其他类消费支出均有显著水平为 5% 的正向促进作用。在城里有亲戚朋友，一方面因为城里亲戚朋友消费支出的示范作用而提高自身的消费水平；另一方面，因为城里有亲戚朋友而更容易在城里找到工作，增加家庭成员的人均收入，从而提高家庭消费水平。

距县城距离和距乡镇距离两个变量分别对西部农村居民的医疗保健消费支出和衣着消费支出有显著水平为 10% 的负向促进作用，估计系数分别为 –0.007 和 –0.018。距县城和乡镇的距离远近意味着西部农村居民购买所需物品的方便程度，蕴含了消费环境的优劣程度，距离越远，越不利于购物，消费支出下降的程度也就越大。

是否加入合作社对家庭设备和用品的消费支出有负向促进作用。加入合作社同时从两个方向影响西部农村居民的消费支出，一方面，加入专业合作社使人们的收入水平有所提高，从而提高家庭消费支出水平；另一方面，加入专业合作社使人们对生产的投入有所增加，对人们的消费支出有挤出效应，不同方向作用力大小的比较会导致两种截然相反的结果。

耕地面积对食品消费支出有正向影响，对其他类消费支出有负向影响。该影响结果表明耕地对于西部农村居民的消费支出而言也具有两种方向相反的作用力。一方面，耕地面积多意味着西部农村居民土地资产多，土地产出多，可提高农村居民的家庭经营收入；另一方面，耕地面积多也意味着人们从事农业生产的机会多，从事非农业生产的机会则相应减少。由于农业生产的比较效益不高，容易导致农村居民的收入处于较低水平，从而降低其消费支出。只有有效利用耕地，提高耕地的产出效益，才能确保拥有更多耕地的农村居民有更高的收入水平和消费支出水平。

医疗保险对衣着消费支出具有正向促进作用，估计系数为 0.040。加入医疗保险从一定程度上减轻了西部农村居民求医看病的支出负担，也在心理上增加了西部农村居民对未来不确定风险的抵抗力，从而对消费支出产生拉动作用。

养老保险对食品消费支出和文教娱乐消费支出有负向促进作用，对交通通讯和医疗保健消费支出有正向促进作用。其中，对文教娱乐消费支出的负向促进作用最大，估计系数为 -1.301，对医疗保健消费支出的正向促进作用最大，估计系数为 0.931。养老保险增加有两个方面的含义，一方面意味着老年人老有所养，晚年生活得到更好的保障；另一方面也意味着老年人数量的增多。老年人文教娱乐消费支出较少，医疗保健消费支出较多，因此会出现对两类消费支出影响方向不同。

是否外出打工对所有的消费支出都没有显著影响。外出打工对西部农村居民的消费观念影响不明显，此外，因外出打工而增加的收入已经包含在人均纯收入当中，所以，该变量的显著性并不明显。

男性家庭成员占比对消费总支出有较大正向影响。一般而言，他们的收入高于女性，在家庭中的经济地位较高。男性家庭成员多，意味着家庭人均纯收入提高的可能性增加，从而提高家庭成员的消费支出水平。

距小卖部、最近公路、超市距离三个变量无论对相应消费支出的影响是正是负，其估计系数都明显偏低，甚至几乎为零，表明它们虽然是消费支出的显著影响因素，但影响效果并不明显。

5.4　本章小结

本章以陕西和甘肃两个省份的抽样调查为基础，详细阐述并分析了西部农村居民的消费意愿和消费行为，发现西部农村居民的消费水平已经有了很大程度的提升，同时也仍未完全改变和摆脱保守的、落后的消费方式。人们的消费意愿和消费行为受收入水平、消费习惯、家人喜欢与否、购买方便与否等因素的影响较大。为进行购买决策获得消费信息的渠道仍然比较传统，主要依靠电视广播和亲戚朋友推荐，对互联网等比较快捷的信息获取手段使用较少。在消费品出现质量问题时，有相当一部分人表现出自认倒霉、无可奈何的态度。大多数人将自己定位于低收入阶层和中低收入阶层，对待消费借贷的态度总体而言趋于消极。

从性别和年龄两个角度出发，探究了西部农村居民家庭消费分配制度，发现消费分配方式与收入分配方式相一致，家庭成员的消费支出情况与其获得劳动报酬的能力相一致，消费分配偏重于家庭中当前和未来的主要劳动力。在非劳动力人群中，老年人消费支出能力最弱，而儿童消费支出能力在某些方面甚至超过男性劳动力。对于不同类别的消费支出，主要消费人群有所不同。衣着、美容化妆品等消费支出的主要消费人群是 0–14 岁婴幼儿、儿童以及各个年龄段的女性家庭成员。在汽车、摩托车、三轮车、自行车、电脑、手机、电视、影碟机等机电类消费品（服务）的消费支出方面，男性家庭成员占据优势地位。上学读书、技术培训、书报杂志、纸张文具等与教育有关的消费支出，以 4–25 岁年龄段的男性和女性家庭成员为主要消费力量。药费、诊费、检查费、手术费和滋补营养保健费等医疗保健消费支出，以 0–14 岁婴幼儿及少年儿童和 51 岁及以上的中老年人群为主。

实证分析了西部农村居民消费支出的影响因素。发现除了收入是消费支出的重要影响因素之外，家庭微观结构、基础设施建设、互联网发展、养老保险和医疗保险都在不同程度上影响着西部农村居民的消费支出，并且影响方向是双向的，最后的影响结果取决于两个方向作用力的大小比较。这一发现表明，提高西部农村居民的消费支出水平是一项复杂的、综合程度较高的系统工程，需要做长久细致的工作。

第6章　中国西部农村居民时间消费及影响因素——以文教娱乐消费为例

根据马斯洛需求层次理论，人们的需求分为多个层次，从生理需求、安全需求、社交需求、尊重需求到自我实现需求；人们生活的每一个阶段都有一个占支配地位的需求，一般来说，人们先满足低层次需求，然后再满足更高层次的需求。依据马斯洛需求层次理论的分析思路，可以将消费需求分为物质需求和精神需求，前面章节研究的金额消费属于物质需求范畴，本章将要研究的时间消费则属于精神需求范畴。时间消费是金额消费的拓展和延伸，两者都是生活消费水平的具体体现，却处于不同的需求层次。

文教娱乐时间消费试图从居民休闲时间角度探讨居民较高层次的生活消费情况，时间消费严格说算不上一个概念。

本章基于 2006 年 CHNS（中国健康与营养调查）调查数据，通过比较分析中国西部（广西、贵州）、中部（河南、湖北、湖南）和东部（江苏、山东）3 个地区 7 个省份[1]不同年龄阶段、不同性别农村居民文教娱乐消费时间及其影响变量，研究西部农村居民时间消费特征，以及时间消费影响因素的影响显著程度、大小和方向。本章所选用的调查数据覆盖了 7 个省份 18–51 岁及以上年龄段的 3566 个个体，其中男性占 46.0%，女性占 54.0%。

6.1　文教娱乐时间消费特征

为了研究西部农村居民的时间消费特征，对比西部与中部、东部农村居民文教娱乐时间消费情况，将三个区域七个省份的农村居民分为 18–25 岁、26–50 岁和 51 岁及以上三个年龄段，在每个年龄段内，按性别将农村居民看电视、看录像（VCD、DVD），玩游戏机，网上浏览，网上聊天，电脑游戏，读书（读报纸、读杂志、写字或画画）7 项文教娱乐消费项目所用时间加总进行分析。

中国西部、中部和东部三个地区不同年龄阶段、不同性别的文教娱乐消费时间平均值如表 6-1 所示。

---

[1] 2006 年 CHNS 调查了 9 个省份的健康与营养数据，除本章涉及的 7 个省份之外，其他 2 个省份属于东北地区。

表6-1 文教娱乐消费时间均值（分钟/天/人）

项目地区	18-25 岁		26-50 岁		51 岁及以上	
	总平均值		总平均值		总平均值	
	男	女	男	女	男	女
西部	185.9583		134.4458		104.9278	
	218.0238	153.8929	142.8144	126.2986	114.5377	96.7650
中部	196.9124		138.1108		110.7845	
	221.6484	179.0476	147.9130	129.4699	115.1725	107.0234
东部	224.2669		121.0917		114.8385	
	268.4694	169.6639	131.1594	114.7470	125.2492	105.6557

资料来源：根据 2006 年 CHNS 数据计算整理

就地区而言，西部地区农村居民文教娱乐人均消费时间偏少。18–25 岁和 51 岁及以上两个年龄段的西部农村居民文教娱乐消费时间在三个地区之中均值最低，分别为 185.9583 分钟 / 天和 104.9278 分钟 / 天，比中部地区少 10.9541 分钟 / 天和 5.8567 分钟 / 天，比东部地区少 38.3086 分钟 / 天和 9.9107 分钟 / 天。人均消费时间最多东部地区分别比西部地区高出 20.6% 和 9.4%。26–50 岁年龄段的西部农村居民文教娱乐消费时间为 134.4458 分钟 / 天，比中部地区少 3.6650 分钟 / 天，比东部地区多 13.3541 分钟 / 天。最高值的中部地区高出西部 2.7%。

就年龄段而言，西部地区 18–25 岁年龄段农村居民的文教娱乐人均消费时间最多，为 185.9583 分钟 / 天，26–50 年龄段农村居民文教娱乐消费时间次之，为 134.4458 分钟 / 天，51 岁及以上年龄段农村居民的文教娱乐消费时间最少，为 104.9278 分钟 / 天，三个年龄段文教娱乐消费时间按照从高到低的顺序分别相差 51.5125 分钟 / 天和 29.5180 分钟 / 天。中部地区和东部地区也呈现出相同的变化趋势，随着年龄的提高，农村居民的文教娱乐消费时间逐渐减少，同样按着从高到低的顺序，中部地区的高低差距分别为 58.8016 分钟 / 天和 27.3263 分钟 / 天，东部地区的高低差距则分别为 103.1752 分钟 / 天和 6.2532 分钟 / 天。西部、中部和东部地区最大值分别高出最小值 77.2%、77.8% 和 95.3%。

就性别而言，西部地区三个年龄段的男性农村居民文教娱乐人均消费时间普遍高于女性农村居民，18–25 岁年轻男性与女性差别最大，随着年龄的增长，不同性别的农村居民文教娱乐消费时间差别有所减小。18–25 岁年龄段的男性和女性农村居民的文教娱乐消费时间分别为 218.0238 分钟 / 天和 153.8929 分钟 / 天，两者相差 64.1309 分钟 / 天；26–50 岁年龄段的男性和女性农村居民的文教娱乐消费时间分别为 142.8144 分钟 / 天和 126.2986 分钟 / 天，两者相差 16.5158 分钟 / 天；51 岁及以上年龄段的男性和女性农村居民的文教娱乐消费时间分别为 114.5377 分钟 / 天和 96.76503 分钟 / 天，两者相差 17.77267 分钟 / 天。中部地区和东部地区在三个年龄段中，男性和女性农村居民文教娱乐消费时间也表现出和西部地区相同的特性，18–25 年龄段农村居民性别消费时间差异分别为 42.6008 分钟 / 天和 98.8055 分钟 / 天，26–50 年龄段农村居民性别消费时间差异分别为 18.4431 分钟 / 天和 16.4124 分钟 / 天，51 岁及以上年龄段农村居民性别消费时间差异分别为 7.9385 分钟 / 天和 19.5935 分钟 / 天。西部、中部和东部地区 18–25 岁男性分别高出女性 41.7%、23.8% 和 58.2%；26–50 岁男性分别高出女性 13.1%、14.2% 和 14.3%；51 岁及以上男性分别高出女性 18.4%、7.6% 和 18.5%。

此外，从表 6-2 中可以看出：

在七个消费项目中，看电视时间最长，占比为 54.9%–95.8%，表明传统娱乐项目依然是农村居民消费的主要内容。网上浏览、聊天和电脑游戏占比则最低为零，这种情况出现在 51 岁及以上年龄段。随着年龄的增长，农村居民看电视时间越来越长，上网、玩电脑游戏时间和读写画时间越来越短。三个地区消费项目构成情况基本相同。就性别而言，女性农村居民看电视时间高出男性 10% 左右，并且随着年龄增长，差别逐渐缩小，其他消费项目变化趋势基本相同。

由此可知，西部农村居民文教娱乐时间消费具有以下特征：

（1）西部农村居民文教娱乐消费水平总体上偏低。在 18–25 岁、26–50 岁和 51 岁及以上三个年龄段中，除 26–50 岁年龄段稍高于东部地区外，其他两个年龄段农村居民的文教娱乐消费时间在西部、中部和东部三个地区中均是最少的。从低到高三个年龄段，西部农村居民的文教娱乐消费时间分别比最高值低 17.1%、2.7% 和 8.6%。

表6-2 文教娱乐各个消费项目时间占比（%）

消费项目地区年龄		电视	录像	游戏机	网上浏览	网上聊天	电脑游戏	读写画
西部	18–25	54.9	12.4	2.7	6.6	7.2	7.8	8.4
	26–50	85.2	6.4	0.2	1.2	0.4	1.2	5.4
	51– ∞	93.1	4.7	0.0	0.0	0.0	0.0	2.2
中部	18–25	70.7	4.4	0.7	3.6	10.2	4.4	5.9
	26–50	90.9	3.6	0.1	0.1	0.1	0.1	5.2
	51– ∞	95.8	0.9	0.0	0.0	0.0	0.0	3.3
东部	18–25	68.4	5.4	3.4	7.3	2.6	3.5	9.3
	26–50	89.2	3.9	0.0	0.3	0.3	0.5	5.8
	51– ∞	95.7	1.0	0.0	0.0	0.0	0.0	3.3

资料来源：根据 2006 年 CHNS 数据计算整理

（2）西部农村居民越年轻文教娱乐消费时间越多。18–25 年龄段农村居民文教娱乐消费时间最多，26–50 岁年龄段次之，51 岁及以上年龄段最少。随着年龄段的提高，农村居民的文教娱乐消费时间呈现出明显的逐渐减少的态势，最高值比最低值高出 77.2%。

（3）男性农村居民文教娱乐消费时间普遍高于女性农村居民，年轻男性与女性之间文教娱乐时间差别最大，随着年龄的增长，不同性别的农村居民文教娱乐消费时间差距有逐渐缩小的态势。从 18–25 岁、26–50 岁到 51 岁及以上三个年龄段，男性农村居民比女性农村居民分别高出 41.7%、13.1% 和 18.4%。

（4）在七项文教娱乐消费项目中，西部农村居民看电视时间占比为 54.9%-93.1%，表明传统娱乐项目依然是西部农村居民消费的主要内容。网上浏览、聊天和电脑游戏占比则最低，尤其是51岁及以上年龄段农村居民用电脑时间占比为零。随着年龄的增长，农村居民看电视时间越来越长，上网、玩电脑游戏时间和读写画时间越来越短。

6.2 文教娱乐时间消费影响因素

6.2.1 主要特征

为了分析中国西部农村居民文教娱乐时间消费影响因素的主要特征，下面将分别列出西部、中部和东部三个地区不同年龄阶段、不同性别农村居民的受教育年限、每月现金收入、每天工作时间和每天家务劳动时间平均值进行比较分析。

由表6-3可以看出，不同地区农村居民受教育年限均比较接近，18–25岁年龄段三个地区最大值与最小值之差为0.1358年，26–50岁年龄段最大值与最小值之差为0.7495年，51岁及以上年龄段最大值与最小值之差为0.3955年。随着年龄的增加，各个地区农村居民受教育年限逐渐减少，就西部地区而言，18–25岁年龄段农村居民平均受教育年限为9.9306年，26–50岁年龄段为7.0965年，51岁及以上年龄段为3.4301年。不同性别的农村居民平均受教育年限也有较大差别，并且随着年龄增加，差别越来越大。西部地区18–25岁年龄段男性和女性农村居民平均受教育年限相差0.5833年，26–50岁年龄段相差1.5364年，51岁及以上年龄段相差最多，差值为2.5841年，中东部地区不同性别农村居民平均受教育年限差值与西部地区趋势相同。

比较西部农村居民文教娱乐消费时间和平均受教育年限两个变量的均值，可以发现在年龄段和性别两个方向上，两个变量均有相同方向的变化趋势。并且，西部农村居民的变化趋势和中部、东部农村居民的变化趋势没有明显差别。

表6-3 受教育年限均值（年/人）

项目地区	18–25 岁		26–50 岁		51 岁及以上	
	总平均值		总平均值		总平均值	
	男	女	男	女	男	女
西部	9.9306		7.0965		3.4301	
	9.6389	10.2222	7.8750	6.3386	4.8273	2.2432
中部	9.9516		7.5093		3.5216	
	10.0000	9.9167	8.6245	6.5261	5.0041	2.2509
东部	9.8158		6.8498		3.8256	
	9.7143	9.9412	8.1240	6.0469	5.5174	2.3333

资料来源：根据 2006 年 CHNS 数据计算整理

由表 6-4 可以看出，西部地区农村居民人均月现金收入高于中部地区、低于东部地区。18–25 岁、26–50 岁和 51 岁以上三个年龄段分别高于中部地区 86.3259 元 / 月、54.0052 元 / 月和 13.1938 元 / 月；三个年龄段分别低于东部地区 70.4186 元 / 月、140.1281 元 / 月和 72.2194 元 / 月。随着年龄的增加，西部地区农村居民人均月现金收入逐渐减少，18–25 岁、26–50 岁和 51 岁及以上年龄段农村居民人均月现金收入分别为 284.7130 元 / 月、191.1765 元 / 月和 70.5581 元 / 月，中东部农村居民人均月现金收入也有相同变化趋势。不同性别的农村居民人均月现金收入也不同，一般而言，男性农村居民的人均月现金收入大于女性农村居民。西部农村居民在 18–25 岁、26–50 岁和 51 岁及以上三个年龄段上，男性人均月现金收入均大于女性，差值分别为 76.9259 元 / 月、150.3865 元 / 月和 60.1024 元 / 月。中东部农村居民在 18–25 岁年龄段表现为女性人均月现金收入大于男性月现金收入，26–50 岁和 51 岁及以上则均为男性人均月现金收入大于女性。

比较西部农村居民文教娱乐消费时间和人均月现金收入两个变量的均值，可以发现在年龄段和性别两个方向上，两个变量均有相同方向的变化趋势，中东部地区两个变量的变化趋势则略有不同。从地区看，两个变量的变化趋势没有特别显著的相关性。

表6-4 现金收入均值（元/月/人）

项目地区	18-25 岁		26-50 岁		51 岁及以上	
	总平均值		总平均值		总平均值	
	男	女	男	女	男	女
西部	284.7130		191.1765		70.5581	
	323.1759	246.2500	267.3777	116.9912	103.0561	42.9537
中部	198.3871		137.1713		57.3643	
	181.4103	210.6481	193.5935	87.4332	92.7893	27.0000
东部	355.1316		331.3046		142.7775	
	258.3333	474.7059	571.0744	180.1997	270.0543	30.5128

资料来源：根据 2006 年 CHNS 数据计算整理

由表 6–5 可以看出，在 18–25 岁年龄段，西部地区农村居民人均日工作时间最少，为 297.5000 分钟 / 天，与最大值（东部地区）差值为 19.8684 分钟 / 天；在 26–50 岁年龄段，西部地区农村居民日工作时间高于中部地区和东部地区，分别高出 86.3762 分钟 / 天和 5.7426 分钟 / 天；在 51 岁及以上年龄段，西部地区农村居民日工作时间高于中部地区低于东部地区，高出中部地区 55.6358 分钟 / 天，低出东部地区 29.4882 分钟 / 天。就年龄而言，西部农村居民的人均日工作时间呈现两头小中间大的纺锤形，26–50 岁年龄段的人均日工作时间最长，为 428.0429 分钟 / 天，中东部地区也有相似特点。西部地区男性农村居民人均日工作时间普遍高于女性，在 18–25 岁、26–50 岁和 51 岁以上年龄段男性女性人均日工作时间分别相差 48.3334 分钟 / 天、103.1832 分钟 / 天和 86.3345 分钟 / 天。除东部地区 18-25 年龄段女性人均日工作时间高于男性外，在其他年龄段，中东部地区男性农村居民人均日工作时间均大于女性。

比较各地区农村居民文教娱乐人均消费时间和人均日工作时间两个变量均值，可以发现，西部地区、中部地区和东部地区三个年龄段女性农村居民人均日工作时间和她们的文教娱乐人均消费时间有相反方向的变化趋势。西部和中部地区男性农村居民人均日工作时间和他们的文教娱乐消费时间也有相反方向的变化趋势。

表6-5 工作时间均值（分钟/天/人）

项目地区	18–25 岁		26–50 岁		51 岁及以上	
	总平均值		总平均值		总平均值	
	男	女	男	女	男	女
西部	297.5000		428.0429		223.5908	
	321.6667	273.3333	480.3261	377.1429	270.2727	183.9382
中部	306.7742		341.6667		167.9550	
	373.8462	258.3333	441.3439	253.7979	231.9512	113.1010
东部	317.3684		422.3003		253.0790	
	282.8571	360.0000	502.3140	371.8750	337.3256	178.7692

资料来源：根据 2006 年 CHNS 数据计算整理

由表 6-6 可以看出，三个地区中，西部地区农村居民的人均日家务劳动时间最少，在 18–25 岁、26–50 岁和 51 岁及以上三个年龄段其值分别为 38.7500 分钟 / 天、75.1367 分钟 / 天和 82.9395 分钟 / 天，比最大值分别低出 21.2661 分钟 / 天（中部地区）、21.1285 分钟 / 天（东部地区）和 9.2948 分钟 / 天（东部地区）。随着年龄的增长，西部地区农村居民每人每天从事家务劳动的时间逐渐增多，18–25 岁、26–50 岁和 51 岁及以上年龄段分别为 38.7500 分钟 / 天、75.1367 分钟 / 天和 82.9395 分钟 / 天，中东部地区则呈现纺锤形变化趋势。西部地区男性农村居民的家务劳动时间明显少于女性，18–25 岁、26–50 岁和 51 岁及以上三个年龄段男性与女性农村居民的日家务劳动时间差值分别为 45.3888 分钟 / 天、79.9190 分钟 / 天和 74.4702 分钟 / 天，男性农村居民人均日家务劳动时间比女性分别低 74%、70% 和 64%。中部和东部地区两性农村居民每日从事家务劳动时间差别也存在类似西部地区的情况。

表6-6　家务劳动时间均值（分钟/天/人）

项目地区	18–25 岁		26–50 岁		51 岁及以上	
	总平均值		总平均值		总平均值	
	男	女	男	女	男	女
西部	38.7500		75.1367		82.9395	
	16.0556	61.4444	34.6413	114.5608	42.6727	117.1429
中部	60.0161		92.5056		86.7430	
	6.7308	98.5000	26.6324	150.5749	31.7520	133.8780
东部	51.0526		96.2651		92.2343	
	28.5714	78.8235	26.1570	140.4479	41.2209	137.2308

资料来源：根据 2006 年 CHNS 数据计算整理

比较西部农村居民文教娱乐人均消费时间和人均日家务劳动时间两个变量均值，可以发现在年龄段和性别两个方向上，两个变量变化趋势不一致，中东部地区两个变量的变化趋势大致相同。在地区方向上，两个变量具有方向大致相同的变化趋势。

6.2.2　模型实证分析

考虑到文教娱乐时间消费影响因素及数据的可得性，将分析受教育年限、工作时间、家务劳动时间、现金收入、能否上网、是否享有医疗保险、家庭外出打工人数等七个相关变量对中国西部农村居民文教娱乐时间消费的综合影响，探究各因素对西部农村居民文教娱乐时间消费影响的显著性程度、大小与方向。

本节建立如下计量模型进行实证研究：

$$enjoy\_d_i = \beta_0 + \beta_1 edu_i + \beta_2 income\_m_i + \beta_3 work\_d_i + \beta_4 hwork\_d_i + \beta_5 migra_i + \beta_6 inter_i + \beta_7 mins_i + u_i \qquad (6\text{-}1)$$

在上述公式（6-1）中，$enjoy\_d_i$ 为农村居民文教娱乐消费时间总计，包括看电视、看录像（VCD、DVD）、玩游戏机、网上浏览、网上聊天、电脑游戏、读书（读报纸、读杂志、写字或画画）7 项文教娱乐消费项目；

edu_i 为农村居民所受正规教育的年限；$income\_m_i$ 为农村居民每月现金总收入；$work\_d_i$ 为农村居民每天以分钟计算的工作时间；$hwork\_d_i$ 为农村居民每天以分钟计算的家务劳动时间；考虑到家人出外打工可能带来的对文教娱乐消费的影响，在这里将外出打工的家庭成员数量（$migra_i$）作为自变量之一加入实证模型；$inter_i$ 和 $mins_i$ 均为虚拟变量，$inter_i$ 为农村居民能否上网（1 为能上网，0 为不能上网），以此观察农村基础设施对文教娱乐时间消费的影响，$mins_i$ 为农村居民是否具有医疗保险（1 为具有医疗保险，0 为不具有医疗保险），加入这个变量是要考察社会保障对农村居民文教娱乐时间消费的影响。

下面将按照中国西部、中部和东部三个地区分别对各个年龄段不同性别的农村居民文教娱乐时间消费模型进行评估，利用统计分析软件 stata 的逐步回归方法进行数据处理。在模型评估参数表格中，列出的参数均在 10% 水平上显著，在 10% 水平上不显著的变量不再列出。

对于 18–25 岁男性农村居民文教娱乐时间消费而言（见表 6-7），西部地区的显著影响因素为日工作时间与能否上网，中部地区为日家务劳动时间与能否上网，东部地区为日工作时间、日家务劳动时间与能否上网。

男性农村居民的日工作时间对文教娱乐时间消费的影响系数为负，西部地区为 –0.1772，东部地区为 –0.3034，每天的工作时间对文教娱乐时间消费有挤出效应。每天家务劳动时间对文教娱乐时间消费的影响系数为正，中部地区和东部地区分别为 2.4573 和 2.4444，这可能是因为家务劳动和有些文教娱乐项目没有直接的时间冲突，比如有些农村居民为了减少家务劳动的枯燥习感，惯一边做家务一边看电视等等。能否上网对文教娱乐消费时间的影响系数为正，对西部、中部和东部地区都影响显著，系数分别为 144.9344、170.8363 和 130.4878，能上网可以把农村居民的文教娱乐时间增加 100 多分钟即两个小时左右，农村文教娱乐基础设施建设的重要性可见一斑。

对于 18–25 岁女性农村居民文教娱乐时间消费而言，西部地区的显著影响因素是受教育年限、月现金收入和能否上网，中部地区为日家务劳动时间和能否上网，东部地区为月现金收入。

表6-7 18-25岁农村居民文教娱乐时间消费模型评估参数

项目变量	西部		中部		东部	
	男	女	男	女	男	女
edu		13.8368				
income_m		0.0774				−0.1330
work_d	−0.1772				−0.3034	
hwork_d			2.4573	0.4557	2.4444	
migra						
inter	144.9344	83.2310	170.8363	93.0854	130.4878	
mins						

注：edu—农村居民所受正规教育年限；income_m—农村居民每月现金总收入；work_d—农村居民每天以分钟计算的工作时间；hwork_d—农村居民每天以分钟计算的家务劳动时间；migra—外出打工的家庭成员数量；inter—农村居民能否上网；mins—农村居民是否具有医疗保险。（下同）

西部地区女性农村居民的受教育年限、月现金收入和能否上网对文教娱乐时间消费的影响系数均为正值，分别为13.8368、0.0774和83.2310，这说明西部女性农村居民的文教娱乐时间消费不但受限于外围环境，而且还受自身教育水平和经济地位的影响。中部地区女性农村居民受文教娱乐基础设施建设的影响比较大。东部地区女性农村居民的月现金收入对文教娱乐时间消费影响为负，出现这种结果，其原因一方面可能是由于她们忙于增加收入而较少参加娱乐活动，另一方面则可能是由于收入的提高提高了文教娱乐层次，使得她们的文教娱乐项目表面看起来似乎是减少了，实质上是“高档”文教娱乐时间消费挤出了“传统”文教娱乐时间消费。

总之，受教育年限、每月现金总收入和能否上网对18-25岁年龄段西部农村居民文教娱乐时间消费具有正向促进作用，日工作时间则具有负向影响。与中东部相比，尤其应该注意提高西部农村居民的受教育水平和现金收入水平。

综上所述，欲进一步提高西部地区18–25岁农村居民文教娱乐时间消费水平，最紧要的是加强农村文教娱乐基础设施的建设，使他们不仅具有消费欲望和消费能力，而且也具有便利的消费环境。其次是要注重提高在传统的农村生活环境中“地位”相对低下的农村女性居民的文化教育水平，增加她们的就业机会，提高其工作收入乃至提高女性农村居民的相对经济地位。再次是提高男性农村居民的生产劳动效率，把他们从繁重的效率低下的生产劳动中解放出来，使他们有更多的时间参加文教娱乐活动，放松身心，享受生活。

对于26–50岁男性农村居民文教娱乐时间消费而言，西部地区的显著影响因素为受教育年限与能否上网，中部地区为日家务劳动时间，东部地区为受教育年限。

表6-8　26–50岁农村居民文教娱乐时间消费模型评估参数

项目变量	西部		中部		东部	
	男	女	男	女	男	女
edu	4.7841			3.8081	6.1024	5.5766
income_m						
work_d		–0.0535				–0.0644
hwork_d			0.3127			
migra						
inter	67.7453					
mins						

西部地区男性农村居民的受教育年限和能否上网对文教娱乐时间消费的影响系数均为正值，分别为4.7841和67.7453，这也从另一个角度说明西部地区26–50岁年龄段男性农村居民教育水平偏低和当地娱乐基础设施建设不足。同样，东部地区该年龄段男性农村居民教育水平也有待提高，其受教育年限对文教娱乐时间消费的影响系数为6.1024。从表6–3各地区26–50岁年龄段男性农村居民受教育年限均值中也可以看出，西部地区和东部地区的平均受教育年限分别为7.8750年和8.1240年，而中部地区相应数值为8.6245年。

对于25–50岁女性农村居民文教娱乐时间消费而言，西部地区的显著影响因素是日工作时间，中部地区为受教育年限，东部地区为受教育年限和日工作时间。

西部地区 25–50 岁女性农村居民的日工作时间对文教娱乐时间消费的影响系数为负值，为 -0.0535，西部地区该年龄段农村女性居民承担了较多的工作，从表 6–5 中可以看出，西部地区 26–50 岁年龄段女性农村居民的日工作时间为 377.1429 分钟 / 天，在三个地区中工作时间最长，她们负荷较重，压力较大，所以适当减轻她们的劳动负担有利于增加其文教娱乐消费时间。同样的问题也存在于东部地区，该地区 25–50 岁年龄段的女性农村居民日工作时间也较长，同时，东中部地区该年龄段女性农村居民受教育年限偏低，教育水平有待提高。

总之，受教育年限和能否上网对 25–50 岁年龄段西部农村居民文教娱乐时间消费具有正向促进作用，日工作时间则具有负向影响。与中东部相比，尤其应该注意提高西部农村居民的互联网等公共基础设施的建设水平。

综上所述，欲提高西部地区 25–50 岁年龄段的农村居民的文教娱乐时间消费水平，首先应该加强当地文教娱乐基础设施建设。其次应该注重该年龄段男性农村居民的教育再深造，再提高，使他们有能力、有兴趣享受丰富多彩的文教娱乐生活。再次应该注意减轻 25–50 岁年龄段女性农村居民的劳动负担，让她们有时间从事自己喜欢的文教娱乐活动，提高文教娱乐消费能力。

对于 51 岁及以上男性农村居民文教娱乐时间消费而言，西部地区的显著影响因素为受教育年限与月现金收入，中部地区为受教育年限和家庭外出打工人数，东部地区为日工作时间和是否有医疗保险。

表6–9　51岁及以上农村居民文教娱乐时间消费模型评估参数

项目变量	西部		中部		东部	
	男	女	男	女	男	女
edu	4.9353		8.8280	9.4214		6.0390
income_m	0.0403					
work_d					–0.0656	

（续 表）

项目变量	西部		中部		东部	
	男	女	男	女	男	女
hwork_d		0.1402				0.2019
migra			−18.8435			
inter						
mins				31.5140	50.8028	

西部地区 51 岁及以上男性农村居民的受教育年限和月现金收入对文教娱乐时间消费的影响系数均为正值，分别为 4.9353 和 0.0403，从表 6-2 和表 6-3 中可以看出，西部地区该年龄段男性居民的受教育年限和月现金收入与中部和东部地区同年龄段男性农村居民相比均处于偏低水平，因此对文教娱乐时间消费的影响比较“敏感”。中部地区该年龄段的男性农村居民受家庭成员外出打工人数的负面影响比较大，模型评估参数值为 −18.8435，家庭外出打工成员在使家庭收入有所提高的同时，也给家庭其他成员增加了家庭内部和外部的劳动负荷，当劳动负荷增加效应大于收入提高效应时，外出打工则会对家庭成员的文教娱乐时间消费形成挤出效应。东部地区该年龄段男性农村居民的文教娱乐时间消费受是否具有医疗保险影响显著，其值为 50.8028，这意味着随着年龄增加，是否具有医疗保险会成为农村居民关注的问题，但是，我们注意到西部地区对此无显著反应，这并不说明西部地区的医疗保险制度已经非常完善而对文教娱乐消费不再敏感，大部分原因应该是因为西部地区还没有解决更基本的教育水平和收入问题。

对于 51 岁及以上女性农村居民文教娱乐时间消费而言，西部地区的显著影响因素为每日家务劳动时间，中部地区为受教育年限和是否具有医疗保险，东部地区为受教育年限和每日家务劳动时间。

该年龄段女性农村居民的文教娱乐时间消费在西部地区和东部地区都与每日家务劳动时间显著相关，其影响系数均为正值，可能原因是她们每天工作时间相对较多，平时回到家以休息为主，只有在做家务时也同时看一下电视，因此增加了文教娱乐消费时间。同时，我们也注意到中部地区该年龄段女性农村居民的文教娱乐时间消费受是否具有医疗保险的影响显著，也再次说明随着年龄的增长，农村居民对医疗保障的需求程度在增加。

总之，受教育年限、每月现金总收入和每日家务劳动时间对 51 岁及以上年龄段西部农村居民文教娱乐时间消费具有正向促进作用。与中东部相比，尤其应该注意提高西部农村居民的现金收入水平。

综上所述，欲提高西部农村地区 51 岁及以上年龄段农村居民的文教娱乐时间消费水平，首先，应该适当建立老年性再教育机构，提高年龄较大农村居民的文化教育水平，并采取具体措施提高该年龄段农村居民的收入，比如增加老年性工作岗位，发放相关补贴等。其次，应该适当减少老年女性农村居民的工作时间，适当增加适合她们消费的文教娱乐项目，使她们安度晚年。再次，要关注医疗保险制度的推进和实施，免除老年农村居民的后顾之忧，提高他们进行文教娱乐消费的愿望和能力。最后，要关注有成员外出打工家庭的生活状况，使他们在提高收入的同时能有更多的时间参加文教娱乐活动。

为了进一步分析西部农村居民文教娱乐时间消费的影响因素，继续采用 stata 逐步回归方法，将三个地区农村居民的看电视时间（代码 TV），用电脑时间（代码 computer，包括网上聊天、浏览和电脑游戏）和读书看报时间（代码 book，包括读报纸、读杂志、写字或画画）分别作为因变量进行分项分析，自变量仍然是受教育年限、工作时间等 7 个变量，模型形式同公式（6-1），评估结果见表 6-10。

表6-10 各年龄段农村居民文教娱乐分项时间消费模型评估参数

地区因变量自变量年龄		西部			中部		
		TV	computer	book	TV	computer	book
edu	18–25	6.6830		1.9106			4.2690
	26–50			1.8769	2.5006		1.2394
	50– ∞	3.2283	–	0.6855	6.8429	–	1.4557
income_m	18–25						
	26–50			0.0047			0.0044
	50– ∞		–	0.0074		–	

（续 表）

地区因变量自变量年龄		西部			中部		
		TV	computer	book	TV	computer	book
work_d	18–25		–0.0392				
	26–50					–0.0017	0.0071
	50– ∞		–	0.0047		–	–0.0115
hwork_d	18–25				0.3503	–0.1843	
	26–50						
	50– ∞		–		0.0951	–	
migra	18–25						
	26–50						
	50– ∞	6.2790	–	–0.8226	–9.2803	–	
inter	18–25		118.4879			82.8524	
	26–50	–42.6126	76.7458			0.5630	
	50– ∞		–			–	
mins	18–25						
	26–50						
	50– ∞		–		19.5115	–	
edu	18–25	6.6830		1.9106			
	26–50			1.8769	3.8849	0.5160	1.6392
	50– ∞	3.2283	–	0.6855	4.1379	–	1.0863
income_m	18–25						
	26–50			0.0047			
	50– ∞		–	0.0074		–	0.0040
work_d	18–25		–0.0392				–0.0632
	26–50				–0.0386		
	50– ∞		–	0.0047	–0.0605	–	

（续 表）

地区因变量自变量年龄		西部			中部		
		TV	computer	book	TV	computer	book
hwork_d	18-25						
	26-50						
	50- ∞		–			–	
migra	18-25					36.9443	
	26-50						
	50- ∞	6.2790	–	-0.8226	-11.6340	–	
inter	18-25		118.4879			78.3085	
	26-50	-42.6126	76.7458			9.2809	
	50- ∞		–			–	
mins	18-25						
	26-50						
	50- ∞		–		84.6460	–	

注：表中“–”处原始数据为零

从表 6-10 中可以看出：

对西部农村居民看电视时间有正向影响的因素是受教育年限和家庭外出打工人数，可以上网则对看电视时间有负向影响。受教育年限多，西部农村居民的认知能力就越高，同时也使他们具备获得较高收入的能力；家庭外出打工人数多则意味着家庭收入较高，收入效应带给他们更多看电视的时间；上网和看电视两者时间互相冲突，能上网对看电视有挤出效应也在情理之中。

对西部农村居民用电脑时间有正向影响的因素是可以上网，这一点很容易理解；每日工作时间则有负向影响，原因同前所述。同时，也看到每日工作时间对用电脑时间的负向影响系数很小。

对西部农村居民读书时间有正向影响的因素有受教育年限、每月现金总收入和工作时间，其中，每月现金总收入和工作时间影响系数非常小，几乎为零；家庭外出打工人数则有负向影响，原因仍同前所述。

对于看电视时间，西部农村居民的受教育年限的总体正向促进作用大于中东部，表明西部农村居民的受教育水平低于中东部地区；对于用电脑时间，西部农村地区能否上网的估计参数大于中东部，表明西部农村的互联网建设落后于中东部农村地区；同时，受教育年限越多，对提高读书看报时间的促进作用也越大，西部农村地区三个年龄段的估计参数均显著为正，同样表明西部农村居民的受教育水平仍处于有待提高的阶段。

6.3 本章小结

消费需求可以分为物质需求和精神需求，前面章节分析的消费需求属于物质需求范畴，本章在前文分析的基础上研究中国西部农村居民的精神需求——文教娱乐时间消费需求。时间消费是金额消费的拓展和延伸，两者都是西部农村居民生活消费水平的具体体现，但需求层次又有所不同。本章研究基于2006年CHNS数据，通过比较分析中国西部、中部和东部地区三个年龄段不同性别农村居民文教娱乐时间消费支出情况，探究西部农村居民的时间消费特征及其影响因素。

研究发现，西部农村居民文教娱乐时间消费支出水平总体上偏低。除26–50岁年龄段稍高于东部地区外，其他年龄段农村居民的文教娱乐消费时间在西部、中部和东部三个地区中均是最少的，表现出较低层级的消费状态。西部农村居民越年轻文教娱乐时间消费支出就越多，就年龄和性别而言，18–25岁男性农村居民文教娱乐消费的时间最多。另外还发现，男性农村居民文教娱乐消费时间普遍多于女性农村居民，传统娱乐项目依然是西部农村居民时间消费的主要内容。回顾前面章节的研究内容不难看出，西部农村居民的时间消费特征与金额消费特征具有高度的一致性。

对于西部农村居民文教娱乐时间消费总支出，受教育年限、能否上网、每月现金总收入和每日家务劳动时间均有正向影响，其中，能否上网和受教育年限影响系数较大，每月现金总收入和每日家务劳动时间影响系数较小；工作时间有负向影响，影响系数较小。

对于西部农村居民文教娱乐时间消费分项支出，受教育年限有正向影响，影响系数较大；每月现金总收入有正向影响，影响系数较小；每日工作时间对不同消费项目分别有正向和负向影响，影响系数均较小；能否上网对不同消费项目分别有正向和负向影响，影响系数均较大；家庭外出打工人数对不同消费项目分别有正向和负向影响，正向影响系数较大，负向影响系数较小。

此外，值得注意的是，是否具有医疗保险对中东部农村居民文教娱乐时间消费总支出和分项支出都有正向影响，并且影响系数较大，但是对西部农村居民却没有表现出显著影响。这应该与西部农村地区的经济条件以及医疗保险在当地的推广程度有关。

与中东部农村居民相比，西部农村居民的教育年限偏低、互联网基础设施建设水平偏低、每日工作时间较多等不利因素的存在减少了西部农村居民文教娱乐时间消费支出。应该在现有基础上，进一步改进和提高有关影响因素的存在质量，制定促进中国西部农村居民文教娱乐时间消费发展的对策措施，关注他们的身心健康，提高他们的生活消费水平。

第7章　主要结论与对策建议

7.1 主要结论

7.1.1 中国西部农村居民消费支出特征

1. 消费支出发展势头良好

西部农村居民的消费支出水平逐年提高，1999-2013年的14年间人均消费支出年均增长速度达11.23%。西部农村居民消费支出的恩格尔系数呈逐年下降趋势，至2013年为止，恩格尔系数为38.17%，按照联合国粮农组织提出的以恩格尔系数衡量的贫富标准，中国西部农村居民的生活消费已经跃升到富裕水平。西部农村居民消费支出的商品化程度逐年提高，1999-2013年的14年间现金消费支出的年平均增长率为13.87%，比消费总支出的年平均年增长率高出2.64个百分点，对于西部农村居民而言，消费品商品化程度的提高也意味着生活消费水平的提高。食品消费结构逐渐变得更有益于身体健康，食品消费向膳食多样化和营养搭配平衡方向发展。耐用品消费构成中，高档耐用品的消费比重有逐步上升的趋势。这些都表明西部农村居民的消费水平有了长足的提高。

2. 消费水平较低，消费结构不均衡于

与西部城镇居民和国外发达国家居民的消费结构构成相比，与东部和全国农村居民的消费结构构成相比，西部农村居民的消费结构构成处于比较低的层级，各类消费支出占比之间差异较大，占比的分布均匀程度较差，生存型消费支出占比较高，例如西部农村居民的食品消费支出一直占据消费总支出的霸主地位，其消费占比比排在最末位的其他类消费支出占比高出35.68个百分点，“第一”与“第八”差距明显。恩格尔系数达到富裕标准并不能说明西部农村居民的消费水平和消费结构已经达到比较高的水平，其发展型消费和享受型消费潜力有待进一步开发，西部农村居民消费支出结构需要达到更高级别的均衡水平。

从基本消费支出占比来看，西部农村居民的消费支出也仍处于较低水平，西部农村居民总消费的基本消费支出占比为92.54%，西部城镇居民相对应的数据为65.61%，在八类消费支出中，西部农村居民每一类消费支出所包含的基本消费支出都远远大于非基本消费支出。另外，西部农村居民各类消费支出的自价格弹性均低于西部城镇居民，表明西部农村居民对商品或服务消费的价格敏感度较低，消费需求刚性大，消费支出受价格变动影响的程度比较低，也是消费水平处于较低层次所具有的特征。

3. 消费热点是交通通讯

通过状态空间模型的实证分析，发现西部农村居民消费支出并不总是遵循凯恩斯提出的边际消费倾向递减规律。衣着、居住、家庭设备及用品、交通通讯和医疗保健等 5 类消费支出的边际消费倾向均呈明显上升趋势，其中交通通讯边际消费倾向 1999–2013 年的年均增长率为 8.01%，增速最快，交通通讯消费支出是西部农村地区当前最具有发展潜力的消费支出类别。另外，西部农村居民静态边际消费倾向分析（ELES 模型）发现，食品、居住和交通通讯的边际消费倾向最大，除了食品和居住两项生存型消费支出之外，交通通讯消费支出的增长和发展最值得期待。文教娱乐消费支出、家庭设备和交通通讯消费支出的需求收入弹性均超过 0.50，具有享受型与发展型消费支出特征。提高西部农村居民的收入水平，文教娱乐、家庭设备和交通通讯三类消费支出会有较大幅度的提高。

7.1.2　中国西部农村居民宏观与微观消费环境

1. 人均纯收入、文化程度偏低，劳动力人均人口负担偏重

在西部农村居民人均纯收入组成中，家庭经营收入占比最大，工资性收入占比最小。西部农村居民在本乡地域内所得到的劳动报酬占比最小，外出打工所得到的劳动报酬占比最大。与其他产业相比，农业生产收益相对较低，外出打工要承担更多的生活成本，这些原因都直接拉低了西部农村居民的人均纯收入水平，也使得西部农村居民的现金余额低于全国农村居民水平。西部农村居民文化程度偏低，大专及大专以上人口占比低于全国农村居民水平，不识字或识字很少人口占比则高于全国农村居民水平。西部农村居民劳动力人均负担人口高于全国农村居民。

2. 消费意愿和消费方式偏于保守

西部农村居民品牌选择意识弱，更信任自给自足的消费品；消费选择谨慎度高，受消费习惯影响大；购物首先考的因素是购买方便程度和价格公道；获得消费信息的手段仍然比较传统，依赖电视机和亲戚朋友较多；

大多数人认为自己处于低收入阶层；对售货员的服务态度和方式没有过多的计较，购物满意度的体验仍然较多停留在所购物品的价格、质量等层面上，对于精神层面的消费缺乏关注；关心后代教育；对未来收入的不确定性程度比较高，储蓄倾向明显；购买汽车的意愿最高；看待消费中存在的问题比较乐观理智，但当需要维护自身消费权益时，又表现出一定程度的漠视和无奈，维权意识不强；借贷基本以亲戚朋友为主，认为银行、农信社等金融机构的贷款手续复杂，贷款利息过高，担心自己没有债务偿还能力，西部农村居民对待消费借贷的态度总体而言趋于消极。

3. 家庭消费分配方式总体上与收入分配方式相一致

消费总支出方面，在各个年龄段，男性家庭成员均占有优势地位，其中，15-25 岁年龄段的男性家庭成员的消费优势地位最明显。消费分配偏重于西部农村家庭中当前和未来的主要劳动力。在非劳动力人群中，老年人消费支出能力最弱，而儿童消费支出能力在某些方面甚至超过男性劳动力。

衣着、美容化妆品、洗浴用品和金银珠宝饰品等消费支出的主要消费人群是 0–14 岁婴幼儿及儿童，以及各个年龄段的女性家庭成员，4-14 岁和 51 岁及以上女性家庭成员则在衣着、洗浴用品和金银珠宝饰品等消费支出方面表现出一定程度的弱势。

汽车、摩托车、三轮车、自行车、电脑、手机、电视、影碟机等消费支出方面，男性家庭成员的消费支出占据优势地位，尤其是 26–50 岁年龄段的男性家庭成员的消费优势地位非常明显。

上学读书、技术培训、书报杂志、纸张文具等与教育有关的消费支出。以 4–25 岁年龄段的男性和女性家庭成员为主要消费力量，同时，男性家庭成员的消费支出高于女性家庭成员。

药费、诊费、检查费、手术费和滋补营养保健费等医疗保健消费支出方面，以 0-14 岁婴幼儿及少年儿童，和 51 岁及以上的中老年人群为主，就性别而言，男性家庭成员的消费支出总体上高于女性家庭成员。

时间消费支出方面，在 18–51 岁及以上年龄段中，年龄越小文教娱乐消费时间就越多；18–25 岁男性农村居民文教娱乐耗费的时间最多；男性农村居民文教娱乐消费时间普遍高于女性农村居民。此外，18–25 岁农村居民看电视时间最短，51 岁及以上农村居民看电视时间最长；18–25 岁农村居民上网时间最长，51 岁及以上农村居民上网时间最短。表现出不同年龄段的人群时间消费的侧重点也有所不同。可以看出，西部农村居民的时间消费支出与金额消费支出具有相同的特点。

7.1.3　中国西部农村居民消费支出影响因素分析

1. 收入对消费支出有显著正向影响，同时也受到其他影响因素的牵制

人均纯收入对西部农村居民的消费支出具有显著的正向影响，对食品消费支出、衣着消费支出、家庭设备及用品消费支出和交通通讯消费支出等分类消费支出影响最大。但是，西部农村居民的收入是影响其消费支出的重要因素，却不是唯一因素，其他非收入因素对西部农村居民消费支出的影响也不可忽视。通过 ELES 模型实证分析，可以看到西部农村居民 2013 年总消费的边际消费倾向 0.33 低于西部城镇居民总消费的边际消费倾向 0.52，两者相差 57.58%，表明西部农村居民消费支出动力不足，消费支出受到一定程度的抑制，与西部城镇居民消费现状相比，西部农村居民的收入因素对各类消费支出驱动的动能较小。从收入来源角度来看，工资性收入、家庭经营收入和转移性收入均对西部农村食品消费支出有正向影响，其中工资性收入影响最大，家庭经营收入影响最小；财产性收入对食品消费支出有负向影响，财产性收入对食品消费支出有一定的挤出效应。

2. 其他对西部农村居民消费支出有显著影响的因素

除了收入是消费支出的重要影响因素之外，家庭微观结构、公共基础设施建设包括互联网发展、养老保险和医疗保险等社会保障制度都在不同程度上影响着西部农村居民的消费支出，并且，一些因素的影响方向是双向的，影响作用的最终方向取决于两个方向作用力大小的比较结果。

儿童抚养系数对西部农村居民的消费总支出有负向影响，老人抚养系数对居住消费支出和交通通讯消费支出有负向影响。儿童和老人作为西部农村居民家庭中的非劳动力，会摊薄家庭成员的人均纯收入从而给家庭消费支出带来负面效应，造成家庭成员的人均消费支出水平的下降。西部农村居民家庭中非劳动力人员较多，劳动力人口负担较重，对消费支出有拉低作用。

可否上网和是否接通自来水是西部农村公共基础设施建设完善程度的表达变量，对西部农村居民的消费总支出、衣着消费支出、居住消费支出、家庭设备和用品消费支出、交通通讯消费支出、文教娱乐消费支出、医疗

保健和其他类消费支出均有显著的正向影响，表明西部农村的基础设施建设对消费支出有非常重要的促进作用。

不识字或识字很少对西部农村居民的食品消费具有负向抑制作用，大专及大专以上的受教育程度则对西部农村居民的食品消费具有正向促进作用。教育使人们有更开阔的消费视野，同时也使人们获得追求更高层次生活的能力。另外，受教育年限对医疗保健消费支出表现出一定的负向影响。但总体而言，教育年限的增加有助于提高西部农村居民的消费水平，因为教育使人们有更开阔的消费视野，同时增强了人们获得追求更高层次生活的能力。

耕地面积对食品消费支出有正向影响，对其他类消费支出有负向影响。该影响结果表明耕地对于西部农村居民的消费支出而言也具有两种方向相反的作用力。一方面，耕地面积多，意味着西部农村居民土地资产多，土地产出多，可提高农村居民的家庭经营收入；另一方面，耕地面积多也意味着人们从事农业生产的机会多，从事非农业生产的机会则相应减少，由于农业生产的比较效益不高，容易引致农村居民的收入处于较低水平，从而降低其消费支出，只有有效利用耕地，提高耕地的产出效益，才能确保拥有更多耕地的农村居民有更高的消费支出能力。

医疗保险对衣着消费支出具有正向促进作用。养老保险对交通通讯和医疗保健消费支出有正向促进作用，对食品消费支出和文教娱乐消费支出有负向抑制作用。加入医疗保险从一定程度上减轻了西部农村居民求医看病的支出负担，也在心理上增加了西部农村居民对未来不确定风险的抵抗力，从而对消费支出产生拉动作用。养老保险多寡有两个方面的含义，一方面意味着西部农村居民中老年人老有所养，晚年生活得到保障，另一方面也意味着老年人数量的增多，老年人文教娱乐消费支出较少，医疗保健消费支出较多，因此也就会出现对两类消费支出产生不同的影响。总体而言，医疗保险和养老保险等社会保障制度的建立和完善是西部农村居民增加消费支出、提高生活水平的有效渠道之一。

是否加入合作社对家庭设备和用品的消费支出表现出负向抑制作用。加入合作社同时从两个方向影响西部农村居民的消费支出，一方面，加入专业合作社使人们的收入水平有所提高，从而提高家庭消费支出水平；另一方面，加入专业合作社使人们对生产的投入有所增加，结果形成对消费支出的挤出效应，不用方向作用大小的比较会引致两种截然相反的结果。应该重视西部农村居民专业合作社建设的规范性和运营效率，进一步增强专业合作社对西部农村居民收入的正向促进效应。

是否在城里有亲戚朋友对医疗保健消费支出和其他类消费支出均有显著的正向促进作用。在城里有亲戚朋友，一方面城里亲戚朋友消费支出的示范作用而提高自身的消费水平，另一方面，因为城里有亲戚朋友而更容易在城里找到工作，增加家庭成员的人均收入，从而提高家庭消费水平。

利用stata逐步回归法对文教娱乐消费时间的影响因素进行实证分析，同样发现教育水平、基础设施建设、生产劳动效率、医疗保险等社会保障制度的建设与实施等因素均对西部农村居民的文教娱乐消费有显著正向影响。

7.2 对策建议

提高西部农村居民的消费支出水平，使西部农村居民的消费结构更加合理，这是一项复杂的、综合程度高的系统工程，需要做耐心细致的工作。

1. 提高西部农村居民农业生产收益及生产效率

西部农村居民人均耕地较多❶，农业生产收入是纯收入组成的主要部分，应该着力提高西部农村居民农业生产收益及生产效率。首先，结合当地气候、土壤等自然条件种植收益高的农作物，注意引进良种并适当调整种植结构；其次，整合现有农业资源，如成立农业合作社等农业经济组织，大力发展第六产业，延伸农业产业链，集中财力、人力和物力办“大”农业，降低生产成本，提高生产效率；再次，注意引进先进生产技术和推广现代化农业机械；最后，加大农业补贴力度，进一步提高各项农业补贴政策的运行效率，使农村居民从耕地经营中得到更多的实惠。

2. 增加西部农村居民工资性收入

为西部农村居民提供尽可能多的当地就业机会。在国家西部大开发政

❶ 西部农村居民人均耕地为2.5亩，全国农村居民人均耕地为2.3亩，东部农村居民人均耕地为1.1亩（1亩=666.667平方米）。

策的支持下，优先保证西部地区的人力、物力和财力的投入，努力推动西部地区经济的发展，注重西部地区中小城镇经济发展的质量和规模，吸引外出打工的农村居民“回乡”就业和创业。同时，进一步完善西部农村地区的社会化服务，做好西部地区农村留守儿童的教育、看护以及留守老人的养老、医疗等社会保障工作，减轻外出打工人员的家庭负担，使他们保持稳定高效的工作状态，获得较高的打工收入。

3. 为西部农村居民消费贷款提供便利条件

西部农村居民现金余额低增加了流动性约束并造成积累性与预防性储蓄不足，从而减慢消费速度，消费贷款则可以解除他们的流动性约束和消费支出的后顾之忧。政府应制定灵活多样的贷款扶持政策，加快农村金融服务体系创新，充分发挥各级各类金融机构的资金流转作用，尤其是发挥目前在农村设点较多的邮政储蓄银行和村镇银行的金融支持作用，鼓励他们以农村居民的实际需求为主要导向发放消费贷款，降低贷款门槛和贷款利率，简化贷款手续，提高贷款额度，有针对性地制定方便快捷的信贷政策，使西部农村居民获得充足的资金实现消费意愿。

4. 制定多层次的西部农村居民教育促进政策

首先，提高西部农村地区的教师待遇，吸引更多的高素质人才从事农村教育事业，并建立相应数量的学校，保证九年义务教育的质量和数量，降低适龄儿童少年的失学率；其次，对处于非义务教育阶段的学生提供有效的经济资助，保证有学习能力的青少年不因为缺乏教育费用而辍学；再次，举办各种劳动技能培训班，大力发展农业职业教育，对成人进行培训和训练，拓宽他们的工作途径、提高他们的工作能力。另外，应重点关注中老年农村居民，尤其是关注中老年女性农村居民的再教育，建立中老年农村居民的再教育机构，增加其生活情趣，拓展其生活视野。

5. 加强西部农村地区交通通讯基础设施的建设

进一步加强西部农村地区交通通讯基础设施的建设，一方面注重加强交通、水电等“传统”基础设施的再建设、再完善、再拓展，另一方面更要注重建设和完善“新兴”的交通通讯基础设施，如互联网等设施在西部农村地区的推广和普及。应出台力度更大的专门针对西部农村地区交通通讯基础设施建设的优惠政策，增加基础设施建设的投资额度，提高投资利用效率。继续推进西部农村地区的公路建设、电网改造以及供水系统的升级工作；同时，注重加强西部农村地区的信息基础设施建设，硬件建设与互联网使用教育同步进行，加快拓展农村地区互联网的使用广度和深度。

6. 进一步规范管理西部农村消费市场

在消费市场中，西部农村居民是自我保护意识较弱的弱势群体。若保障其消费权益不受侵害，不能仅仅依靠他们自身的力量，还需要有关部门建立完善的消费市场管理制度，加强农村消费市场的监督检查，坚决打击销售假冒伪劣商品的不法行为，避免农村消费市场成为假冒伪劣商品的倾销场。此外，应该引导消费品生产企业针对农村消费市场的特点，生产销售切合农村居民实际消费需求的产品，使消费品的价格与农村居民的收入水平相匹配，在保证满足农村居民使用需求的基础上，可以简化产品功能，但绝不能降低质量。切实使农村居民在消费市场中买着放心、用着舒心，真正享受到物美价廉、货真价实的服务。

7. 制定倾斜性的社会保障制度

推进西部农村居民医疗保险、养老保险等社会保障制度的广泛建立和深入实施，使西部农村居民的消费生活无后顾之忧。在制定和实施社会保障制度的过程中，考虑到西部农村居民中儿童和老人等非劳动力人数偏多和收入偏低的情况，对他们在政策上应该有所倾斜，需要给予他们更多的资金补助和提供更优惠的医疗保险和养老保险政策等，比如医疗保险和养老保险可以少缴多得，甚至不缴即得，另外，最大限度地放宽西部农村居民的医疗保险报销条件，使他们无医病养老之忧。同时，公益事业也应该更多地关注西部农村居民，把救济和扶助投向最需要的人群。

附 录

附录 1　西部农村居民生活消费调查问卷提要

第一部分：被访者基本情况

1.1 被访者性别。

1.2 被访者出生日期。

1.3 被访者和户主的家庭关系：户主；配偶；父母；. 岳父母 / 公婆；子女；女婿 / 儿媳；(外）孙子女；兄弟姐妹；其他。

1.4 户主的学历：小学没毕业 / 小学；初中；高中 / 中专 / 技校；大专 / 大学；研究生。

1.5 被访者家庭人口数及人口结构：

6 岁及以下人口数；7-14 岁人口数；15-64 岁人口数；65 岁及以上人口数。

男性人口数；女性人口数。

家庭成员外出打工人口数。

1.6 被访者家庭中挣钱最多的成员外出打工的地点：中心镇；县城；中小城市；省会；京城；其他。

1.7 被访者家庭目前正在上学的学生人数：

小学生；初中生；高中生；大学生；研究生。

男学生；女学生。

1.8 被访者家庭信仰的宗教：不信教；伊斯兰教；天主教；佛教；基督教；其他。

1.9 被访者家庭用电情况：没通电；经常断电；不常断电但电压不稳定；不常断电并且电压也稳定。

1.10 被访者家庭生活用电单价。

1.11 被访者家里是否有电视。

1.12 被访者家里是否有电脑。

1.13 电脑是否可以上网。

1.14 被访者家里是否有电话（手机）。

1.15 被访者家里是否已经通自来水。

1.16 被访者家里每个月生活用水花费情况。

1.17 被访者家是否在城里有亲戚朋友。

1.18 被访者家离县城的距离。

1.19 被访者家离乡镇的距离。

1.20 被访者家离最近的公路（乡道以上等级）的距离。

1.21 被访者村里有无小卖部。

1.22 被访者村里有无集市。

1.23 被访者村里有无超市。

1.24 距离被访者家最近的超市、最近的小卖部、最近的集市的距离各是多少。

1.25 村里有无合作社。

如果有合作社，被访者是否参加了。

1.26 被访者家里的耕地面积有多少亩，其中可灌溉面积有多少亩。

1.27 最近一年是否有其他农户经营过被访者家里的田地。

1.28 别人经营被访者家庭的田地多少亩，田地租金是多少。

1.29 最近一年被访者家庭是否经营别人家的田地。

1.30 被访者家庭耕种别人多少亩田地，田地租金是多少。

第二部分：家庭经济状况

2.1 被访者家庭收入来源：种植玉米、小麦等粮食作物；种植棉花、大豆、甘蔗等经济作物；种植蔬菜；养羊、养猪、养鸡等；自己做生意；打工收入；低保收入；亲友赠送；政府补贴；其他，主要收入来源是什么。

2.2 被访者家庭每年总收入是多少：小于 10 000；10 000-19 999；20 000-29 999；30 000-39 999；40 000-49 999；50 000 及以上。

一、种植收入和投入情况

2.3 被访者家庭 2012 年 11 月至 2013 年 11 月种植的蔬菜价值是多少元。

2.4 被访者家庭 2012 年 11 月至 2013 年 11 月种植的中药材价值是多少元。

2.5 被访者家庭 2012 年 11 月至 2013 年 11 月所种植的其他作物的产量、价格。参考作物名称：小麦、玉米、水稻、大豆、土豆、谷子、糜子、荞麦、绿豆、豌豆、白云豆、油菜籽、胡麻、烟叶、花生、芝麻、向日葵、棉花、桃、苹果、梨、核桃、红枣、花类、其他。

2.6 2012 年 11 月至 2013 年 11 月被访者家庭种植生产投入金额：种

子(包括自产),化肥,农药,塑料薄膜,雇工费,租金(不包括土地租金),灌溉费,机动车燃料费,交通费,市场费用(包括包装费,管理费等),其他。

二、畜牧业收入和投入情况

2.7 被访者家庭近两年(2012,2013)的牲畜饲养情况,从数量和价值两方面描述:猪;鸡、鸭、鹅以及其他家禽;山羊、绵羊;大牲畜(如牛,马,骡子,驴等);其他。

2.8 被访者家庭2012年11月至2013年11月畜产品的收入情况:卖牲畜(含猪、羊、牛、马以及家禽等)收入;自己消费的牲畜价值;卖羊毛;羊绒;羊皮共收入;卖牛皮收入;销售兔毛收入;销售牛奶收入;销售蛋类收入;销售其他畜产品收入;死亡丢失或被偷的牲畜价值;其他。

2.9 被访者家庭2012年11月至2013年11月饲养畜产品的投入情况,从数量和价值两方面描述:玉米、红薯、土豆、秸杆、其他饲料、买牲畜、医药费、放牧费、畜舍维修、雇工费、其他。

三、被访者的家庭成员从2012年11月至2013年11月的打工收入情况

2.10 与被访者的亲属关系/年龄;

2.11 工作种类:制造业(普工、技工)、建筑业(大工、小工)、采矿业、交通运输仓储邮电业、批发零售业、住宿餐饮旅游业、金融业、教育业、家政服务业、其他。

2.12 2012年11月至2013年11月总共工作天数。

2.13 工作地点:本村、本乡外村、本县外乡、本省外县(市)、外省。

2.14 工资(日工资、月工资)。

2.15 2012年11月至2013年11月总工资(包括奖金、补贴等)。

2.16 单位亏欠他/她多少工资。

2.17 本段时间实物报酬折钱。

2.18 工作成本(交通费、食宿费、工具、工作服等)。

2.19 他/她是否住在家里至少六个月。

2.20 2012年11月至2013年11月他/她给了家里多少钱。

四、被访者家庭从 2012 年 11 月至 2013 年 11 月的私营活动收入情况，参考表后注解

2.21 私营活动类型：服务业（烹调、饮食业、缝纫、私人诊所），运输业，建筑业，采矿业，加工制造业，商业，其他；

2.22 总（毛）收入多少元。

2.23 总支出多少元：包括水、电、油、气等能源费用，设备、房屋租金，材料费，运输费，销售费和人工工资。

2.24 固定资产投入多少元。

五、被访者家庭从 2012 年 11 月至 2013 年 11 月的其他收入情况

2.25 政府补贴金额。

2.26 低保收入金额。

2.27 亲友赠送金额。

2.28 其他。

六、被访者家庭债务情况

2.29 被访者家庭目前有多少贷款（如从信用社，农业银行，其他银行或金融组织获得的贷款）。

2.30 如果现在想向信用社或银行贷款，被访者估计最多能够贷到多少。

2.31 被访者家庭目前向亲戚或朋友借了多少钱。

2.32 如果被访者家庭现在很需要钱，能向亲戚或朋友借到多少钱。

2.33 被访者家庭是否借钱供孩子上学。

2.34 供孩子上学借了多少钱。

2.35 现在别人总共欠被访者家庭多少钱

第三部分：生活消费支出情况

3.1 日常用品的购买数量、场所主要由谁决定：户主；户主的配偶；户主和配偶商量；所有家庭成员一起商量。

3.2 2012 年 11 月至 2013 年 11 月购物金额最多的月份及原因，购置的各类物品金额：

食品（糕点、蔬菜、水果、牛羊肉、猪肉等），衣着（男人衣着、女人衣着等），居住（盖新房、维修房屋等），家庭设备及用品（洗衣机、电冰箱日用品等）；交通通信（包括轿车、摩托车等）；文教娱乐（包括电视机、影碟机、电脑等）；医疗保健；鞭炮烟花等；其他。

3.3 2012 年 11 月至 2013 年 11 月购物金额最少月份及原因，购置的各类物品金额（物品种类同 3.2）。

3.4 被访者家庭从 2012 年 11 月至 2013 年 11 月的食品消费情况，分成自产产品和购买产品两类进行描述，描述项目为重量和价值：

大米，面粉，玉米，豆类(黄豆，红豆，绿豆等)，豆制品，杂粮(大麦，高粱米，小米)，土豆与红薯，粮食制品（如粉丝，粉条，米粉，挂面等），猪肉，牛羊肉，鸡肉，其他肉，油脂类(包括动物油和植物油)，蛋类，水产品，蔬菜，干鲜果品，调料品，烟酒类，饮料类，罐头类，在外饮食，食品加工费，其他。

3.5 被访者家庭从 2012 年 11 月至 2013 年 11 月按家庭成员分类的部分生活用品消费情况。

家庭成员分类：0–3 岁婴幼儿、4–14 岁男性、4–14 岁女性、15–25 岁男性、15–25 岁女性、26–50 岁男性、26–50 岁女性、51 岁及以上男性、51 岁及以上女性、全家都在使用；

消费种类：衣着消费（包括服装、布料、鞋帽类、衣着加工修理费等），美容、化妆品，洗浴用品（包括洗发液、沐浴液等），汽车、摩托车，汽车、摩托车的维修费、燃油费、保险费等，三轮车、自行车，三轮车、自行车维修费，空调、电风扇，空调、电风扇的维修费，电脑，电脑宽带费、维修费，手机，手机通话费及维修费，电视、影碟机，电视、影碟机的维修费，去剧场看戏、去电影院看电影，旅游、摄影，学杂费，技术培训费，书报杂志，纸张文具，金银珠宝饰品等，理发、洗澡等，药费、诊费、检查费等，手术费，滋补品、保健品、营养品等，其他。

3.6 被访者家庭从 2012 年 11 月至 2013 年 11 月其他生活用品的消费情况（金额）。

消费种类：日用洗漱用品(如洗衣粉、香皂、肥皂、牙膏、牙刷等)，日用杂品和小五金（如灯泡、电线、电插头、手电筒、电池、锤子、钳子、改锥等），床上用品(包括床单、被子、毛毯、草席、凉席、蚊帐等)；电冰箱、洗衣机等家用电器，电冰箱、洗衣机家用电器维修及配件费用，出行（不包括旅游）运输的火车、汽车、飞机、轮船等交通工具费用，邮电费、固定电话费，住房装修和装饰费（包括家具、装修材料费和人工费等），水费，电费，燃料费（包括煤炭、煤气、天然气、柴草、木炭、液化气等），其他。

3.7 2012 年 11 月至 2013 年 11 月给亲戚朋友送礼总共花费了多少元，分别就送礼原因、礼品名称、数量、金额等方面进行描述。

送礼原因：托人办事走关系、红事、白事、亲戚朋友的孩子考上大学、亲戚朋友家生小孩、亲戚朋友家小孩过周岁、老人过生日、亲戚朋友盖新房、其他。

3.8 去年春节购买了什么物品（写出大类下面的具体名称），花费金额。

购买的消费品大类：食品（糕点、蔬菜、水果、牛羊肉、猪肉等）；衣着（男人衣着、女人衣着等），居住（盖新房、维修房屋等），家庭设备及用品（洗衣机、电冰箱日用品等），交通通信（包括轿车、摩托车等），文教娱乐（包括电视机、影碟机、电脑等），医疗保健；鞭炮、烟花等，其他

3.9 在被调研日期的上一个月或一周之内，被访者家庭生活用品购买情况，从数量和金额支出两方面进行描述。

消费品种类：食品（糕点、蔬菜、水果、牛羊肉、猪肉等），衣着（男人衣着、女性衣着等），居住（盖新房、维修房屋等），家庭设备及用品（洗衣机、电冰箱日用品等），交通通信（包括轿车、摩托车等），文教娱乐（包括电视机、影碟机、电脑等），医疗保健，其他。

3.10 被访者家庭 2012 年 11 月至 2013 年 11 月的住房情况调研。

3.10.1 2012 年 11 月至 2013 年 11 月，被访者家庭有几间住房，每间住房的面积是多少。

3.10.2 被访者家庭房屋是哪一年建的。

3.10.3 被访者家庭房屋现在价值估计是多少元。

3.10.4 2012 年 11 月至 2013 年 11 月，被访者家庭买建筑材料花了多少元。

3.10.5 现在被访者家庭储存的建筑材料价值为多少元。

3.10.6 2012 年 11 月至 2013 年 11 月，被访者家庭是否新建或整修了住房。

3.10.7 花了雇工费多少元。

3.10.8 总共用了多少劳动日（被访者自己和义务帮工的劳动日，但不包括雇工）。

3.10.9 被访者家里人花了多少个劳动日。

第四部分：生活消费行为及意愿

4.1 被访者或者被访者的家人在下列哪种情况下不会购买某种生活消费品（从下面选项中选择主要的两项）：对某种生活用品了解较少，买不到、购买不方便，价格太贵，家人不喜欢，品种少，选择余地小，没有消费此种商品的习惯。

4.2 被访者家庭多长时间采购一次食品：一周 3-5 次，一周一次，两周一次或更少。

4.3 被访者家庭多长时间买一次菜：两三天，约一周，约一月，约一年，从来不买菜。

4.4 如果生活用品价格上涨了，被访者的消费量会有什么变化：不变，减少，增加，不确定。

4.5 被访者家庭经常购买食品的种类有：面粉，大米，肉类，食用油，馒头和面条等熟面食，熟肉食，糕点，其他。

4.6 被访者购买生活用品用作自家消费的有多少，用作送礼的有多少。

4.7 被访者购买的食品是否有品牌。

4.8 被访者购买食品主要是通过什么渠道：大超市（商场），小卖部，集市，小商贩，其他。

4.9 被访者家庭最常购买食品的地方：大超市（商场），小卖部，集市，小商贩，其他。

4.10 被访者选择生活用品购买渠道的主要原因是什么：购买环境好，价格公道，安全卫生

有保障，购买方便，品种丰富，购物所需时间少，其他。

4.11 原因重要程度排序：

问题一：自己制作的食品吃着放心、自己制作的食品口味好、自己制作的食品便宜、自己制作的食品外面没有卖的；

问题二：有些物品不想买是因买不到、有些物品不想买是因为太贵、有些物品不想买是质量太差、有些物品不想买是服务不好、有些物品不想买是不会用、有些物品不想买是不能用。

4.12 被访者获得生活用品相关信息的方式：电视广播，收音机，网络，书籍报纸，亲友，商品推销员，其他。

4.13 如果家里收入减少了，被访者最先削减的消费品是什么。

4.14 被访者自身阶层认同：低收入阶层，中低收入阶层，中等收入阶层，中高收入阶层，高收入阶层

4.15 被访者如果有一笔额外收入，最先考虑的是：存起来，买好吃的，买新衣服，看戏、看电影，买摩托车，买汽车，买书看，让孩子去更好的学校学习。

4.16 如果能挣到更多的钱，被访者打算添置什么来改善生活。

4.17 过去两年内被访者家是否购买过大件商品，如果购买过，则具体名称是什么。

4.18 被访者购买大件商品的主要原因是：自己需要，子女结婚用，看到别人买了自家也要买，此种商品有补贴，亲戚朋友推荐，看了广告，其他。

4.19 被访者家庭购买生活用品最常去的地方：超市（商场），小卖部，. 集市，流动商贩，其他。

4.20 被访者家庭购买生活用品时，常用的交通工具是什么：步行，自行车，摩托车，公共汽车，私家汽车，其他。

4.21 分别评价所列因素对被访者购买食品类生活用品的影响程度。

评价因素：价格是否公道、低廉；产品安全状况，如是否检测合格；绿色、有机认证标识；品牌知名度；产品卫生状况，如销售环境；售货员的服务态度和服务方式；方便程度，即离家或单位的距离；食品的营养价值。

影响程度：无关紧要，不太重要，一般，比较重要，非常重要。

4.22 分别评价所列因素对被访者购买非食品类生活用品的影响程度。

评价因素：价格是否公道、低廉，产品安全状况，如是否检测合格，安全认证标识，品牌知名度，结实耐用，寿命长，售货员的服务态度和服务方式，购买方便程度，即离家或单位的距离，有方便的售后服务。

影响程度：无关紧要，不太重要，一般，比较重要，非常重要。

4.23 被访者对当前我国食品安全形势的看法：没什么大问题，不必大惊小怪；有问题存在，但尚在可控制范围之内；问题较严重，呈恶化趋势；不清楚。

4.24 被访者为避免购买到有质量问题的生活用品通常采取的措施：不购买流动商贩的商品；不在集市上购买；不在小卖部购买；固定几家有信誉的企业或几个品牌购买；注意媒体报道，选择其推荐的商品；尽量选择

在大超市或大商场购买；其他。

4.25 被访者购买的生活品在出现质量问题时，将会采取什么措施：自认倒霉，向销售商退换，向厂商退换，要求维修，向消协反映，其他。

4.26 在购买生活用品时，被访者是否觉得有品牌的更值得信任：非常信任，比较信任，无所谓，不太信任，根本不信任。

4.27 被访者是否经常购买具有品牌的生活用品。如果是，被访者是否会对某一种生活用品的品牌有特殊的喜欢或者依赖。

第五部分：消费信贷及社会保障

5.1 被访者自己家的钱款是否足够使用。

5.2 被访者家庭有多少存款。

5.3 被访者家庭若有贷款，则主要用途为：买粮食，买衣服，盖房，看病，买电冰箱、洗衣机，孩子的学习费用，买书、报纸、杂志，买手机、安装电话，旅游，买电视，电脑，其他。

借贷来源：银行，农信社，小额贷款公司，亲戚朋友，其他。

贷款利息是多少。

贷款程序是否复杂。

5.4 被访者家庭若没有贷款，原因是：不需要贷款；手续太复杂；需要走关系；利息太高；不知道可以贷款；担心还不起；其他。

5.5 就被访者家庭目前的情况，如果能贷到款，被访者会将贷款用于：购买粮食，购买衣服，盖房，看病，购买电冰箱、洗衣机，孩子的学习费用，买书，买手机、安装电话，旅游，买电视，买电脑，其他。

5.6 家庭成员是否参加了新型农村合作医疗保险，如果是，则每年可报销看病费用多少元，如果否，则被访者家每年花在看病上的费用为多少元。

5.7 被访者的健康状况：非常好，较好，一般，较差，非常差。

5.8 被访者家人健康状况：非常好，较好，一般，较差，非常差。

5.9 家庭成员是否参加了农村养老保险，如果是，则每年或每月以领到养老保险金多少元。

5.10 被访者的家庭成员是否享受了低保，每年或每月低保收入为多少元。

附录 2　居民消费支出分类（2013）

中华人民共和国国家统计局公告 2013 年第 1 号

为建立规范、统一的居民消费支出分类标准，国家统计局研究制定了《居民消费支出分类（2013）》，现予以公告。

国家统计局

2013 年 3 月 7 日

一、目的和范围

为了建立规范、统一的居民消费支出分类框架，提高居民消费支出数据的可比性，特制定本分类。

本分类包括居民在食品烟酒，衣着，居住，生活用品及服务，交通和通信，教育、文化和娱乐，医疗保健，其他用品和服务等方面的支出。本分类中的居民消费支出是指居民日常生活中，以满足自身和家庭成员需要为目的，经常性、多次性的消费支出，不包括资本投资类支出，以保值、增值为目的的支出，以及居民最终消费中由政府支出的部分（包括政府在卫生保健、教育等方面的支出）等。

本分类适用于 GDP 核算、住户调查、消费价格调查等与居民消费支出有关的统计调查和数据发布。

二、编制原则

本分类充分借鉴联合国制定的《按目的划分的个人消费分类》（COICOP），并注意把握以下三项原则：

（一）以支出目的为划分原则。本分类对居民消费支出产品与服务的划分，以支出目的的同质性为原则，将居民日常消费支出按照吃、穿、住、行等目的进行归类，具有相同目的的支出内容，归入同一分类项下，体现居民实际消费支出的习惯。

（二）全面性原则。本分类能够全面覆盖居民消费支出，不遗漏，不重复，有利于准确、客观地反映我国居民消费支出的实际及其结构情况。

（三）可操作性原则。本分类结构框架能够满足有关统计调查对居民消费支出分类的需求，各项调查可根据实际需要，在本分类结构框架的基础上，通过将若干条目合并汇总或将某一小类条目进一步细分得到所需的扩展分类。

三、主要内容和结构

本分类将居民消费支出划分为三层，第一层为大类，划分为食品烟酒，衣着，居住，生活用品及服务，交通和通信，教育、文化和娱乐，医疗保健，其他用品和服务等 8 个大类，代码由 2 位阿拉伯数字表示；第二层为 24 个中类，代码由大类代码加 2 位阿拉伯数字，即 4 位阿拉伯数字表示；第三层为 80 个小类，代码由中类代码加 2 位阿拉伯数字，即 6 位阿拉伯数字表示。

四、具有混合目的的支出归类方法

为了更好地体现居民在产品与服务等方面的支出，本分类尽可能详细地根据支出目的将产品类支出和服务类支出分别归类，使各项支出能够清晰地体现居民消费的目的。对于具有混合目的的一揽子支出，例如：一揽子旅游服务（包含交通费、住宿费、餐饮费、景点门票等）、教育服务（包含学费、交通费、食宿费、教材费等）、装修和装潢材料与服务（包含材料费和服务费）等，均是包含多种类型、具有混合目的的支出，可能既包含产品也包含服务，一般难以将一揽子支出中的各项具体支出区分出来，因此列入同一支出分类项下，不再进一步细分。

五、居民消费支出分类表

代　码			名　称		说　明
01			食品烟酒		
	0101		食品		
					指可供人类食用的食品支出。

（续 表）

代 码			名 称		说 明
					不包括：在快餐店、咖啡厅、酒吧、街头摊贩、自动售货机等购买的在外即食食品，归入（0104）；在食堂和餐馆购买的外卖熟食、熟菜等，不论是自己提取或是送货上门，归入（0104）；宠物食品，归入（060202）。
		010101	谷物		
					指购买以籽实为主，可供人类食用的谷类作物及制品支出，包括：
				—	各种形式的大米及其制品；
				—	小麦、玉米、谷子、高粱、大麦、燕麦、荞麦等谷物及其脱壳、碾磨、粒状、粉状等制品；
				—	制作烘烤食品用的混合配料；
				—	谷物加工制品：谷物片（燕麦片、大麦片、玉米片、其他谷物片）等；
					不包括：玉米等谷物制成的淀粉，归入（010113）；糕点等焙烤食品，归入（010112）；冲饮类麦片，归入（0102）。
		010102	薯类		
					指购买薯类的支出，包括：
				—	新鲜或冷藏的马铃薯、木薯、甘薯（红薯、白薯）等；
				—	冷冻薯类制品：冷冻马铃薯，冷冻马铃薯片、条或块；
				—	薯类加工制品：薯类制成的粉、粗粉、片、颗粒、酱、块等。
					不包括：薯类制成的淀粉，归入（010113）。
		010103	豆类		
					指购买豆类的支出，包括：

（续 表）

代 码			名 称		说 明
				—	新鲜或冷藏的大豆、绿豆、小豆等；
				—	豆类制品：豆腐，干豆腐，油炸、卤制豆腐制品，豆腐乳，鲜豆浆等。
					不包括：豆类蔬菜，归入（010105）。
		010104	食用油和食用油脂		
					指购买可供人类食用的植物油、动物油等的支出，包括：
				—	食用植物油：大豆油、花生油、棉籽油、菜籽油、玉米油、芝麻油、葵花籽油、橄榄油、茶籽油等；
				—	食用动物脂肪，食用动物油：猪油、牛油、羊油、家禽脂肪等；
				—	以多种植物为原料混合加工提取的食用调和油、色拉油等；
				—	食用油脂：人造奶油（人造黄油）、起酥油等食用油脂。
					不包括：乳脂肪制成的奶油、黄油等，归入（010110）；鱼油、鱼肝油，归入（070102）。
		010105	蔬菜及食用菌		
					指购买下列蔬菜及食用菌等支出，包括：

（续 表）

代 码			名 称		说 明
				—	新鲜、冷藏、冷冻蔬菜及干制（脱水）蔬菜，包括叶菜类蔬菜（芹菜、油菜、菠菜等），白菜类蔬菜（大白菜、菜心等），芥菜类蔬菜，甘蓝类蔬菜，根茎类蔬菜（白萝卜、胡萝卜、生姜、芋头、百合、山药等），瓜菜类蔬菜（黄瓜、冬瓜、西葫芦等），豆类蔬菜（扁豆、豌豆、蚕豆、豇豆等），茄果类蔬菜（茄子、青椒、辣椒、西红柿等），葱蒜类蔬菜（洋葱、大葱、大蒜、韭菜等），水生蔬菜（莲藕、荸荠、竹笋等），养殖蔬菜（豌豆苗、豆芽菜等）；
				—	腌制或加工过的蔬菜及蔬菜制品：腌渍蔬菜（酱腌菜、泡菜等）、蔬菜罐头等；
				—	新鲜、冷藏、冷冻及干制（脱水）食用菌：平菇、金针菇、香菇、黑木耳、白木耳（银耳）等；
					不包括：马铃薯等制品，归入（010102）；含蔬菜的调味汤和原汤，归入（010113）；调味品（胡椒、姜粉等），归入（010113）；蔬菜汁，归入（0102）。
		010106	畜肉类		
					指购买下列畜类动物的可食用新鲜、冷藏或冷冻肉及制品支出，包括：
				—	猪、牛、马、驴、骡、羊、骆驼等；
				—	野兔、家兔等；
				—	新鲜、冷藏或冷冻的可食用畜类内脏、杂碎、头、爪、皮、骨头等；
				—	可食用畜肉或畜类内脏制成的制品：香肠、熏肉、酱卤烧烤肉、腌腊肉、干炸肉、肉松、肉串、肉干、罐头等；
				—	买来供人类食用的上述活牲畜。

（续 表）

代 码			名 称		说 明
					不包括：螺，归入（010108）；猪油和其他可食用动物脂肪，归入（010104）；含畜肉的羹汤、调味汤和原汁汤，归入（010113）。
		010107	禽肉类		
					指购买下列禽类动物的可食用新鲜、冷藏或冷冻肉及制品支出，包括：
				—	鸡、鸭、鹅、鸽子、鸵鸟、鹌鹑等；
				—	野鸡、野鸭等；
				—	新鲜、冷藏或冷冻的可食用禽类内脏、杂碎、头、爪、骨架等；
				—	可食用禽肉或禽类内脏制成的制品：香肠、熏肉、酱卤烧烤肉、腌腊肉、干炸肉、肉松、肉串、肉干、罐头等；
				—	买来供人类食用的上述活禽。
					不包括：含禽肉的羹汤、调味汤和原汁汤，归入（010113）。
		010108	水产品		
					指购买下列可食用新鲜、冷藏或冷冻水产品及制品支出，包括：
				—	海水、淡水养殖或捕捞水产品：鱼、虾、蟹、贝类、藻类、海参、海蜇、墨鱼、鱿鱼、龟、蛙、螺等；
				—	冷冻、干制、腌渍、熏制等制成的水产品制品；
				—	水生植物及其制品：海带、海白菜、紫菜等；
				—	水产品罐头、鱼香肠、鱼丸、鱼肉酱、鱼子酱、虾皮、虾酱等；
				—	买来供人类食用的鲜活水产品。

（续 表）

代 码			名 称		说 明
					不包括：含鱼等水产品的羹汤、调味汤和原汁汤，归入（010113）。
		010109	蛋类		
					指购买蛋类及其制品支出，包括：
				—	鲜蛋：鸡蛋、鸭蛋、鹅蛋、鹌鹑蛋、鸽子蛋；
				—	蛋制品：干蛋黄、咸蛋、松花蛋、茶叶蛋等。
		010110	奶类		
					指购买奶类及其制品支出，包括：
				—	生牛奶、生马奶、生羊奶等；
				—	液体乳：灭菌乳、巴氏杀菌乳、酸牛乳等；
				—	固体及半固体乳制品：乳粉（奶粉），炼乳，乳脂肪制成的奶油、黄油，干酪（奶酪），乳糖等；
				—	含少量糖、可可、水果或调味料的奶类、奶油和酸奶。
					不包括：人造奶油（人造黄油），归入（010104）；含奶量低的含乳饮料，归入（0102）。
		010111	干鲜瓜果类		
					指购买新鲜、冷藏或冷冻水果、坚果及制品等支出，包括：
				—	新鲜、冷藏或冷冻的水果：苹果、梨、柑橘类水果、葡萄、热带水果、瓜类水果等；
				—	干制水果：葡萄干、杏干等；
				—	水果籽：杏核、葡萄籽等；
				—	水果罐头；
				—	新鲜或焙、炒、碾磨等加工制成的坚果类：腰果、核桃、栗子等、花生、瓜子等。

（续 表）

代码			名称		说明
					不包括：瓜类蔬菜，例如黄瓜、西红柿，归入（010105）；果酱、坚果酱、蜜饯等，归入（010112）；水果汁，归入（0102）。
		010112	糖果糕点类		
					指购买糖、糖果、巧克力、蜜饯及类似食品、焙烤食品等的支出，包括：
				—	白砂糖、绵白糖、冰糖、方糖等；
				—	硬质糖果、酥质糖果、充气糖果、凝胶糖果、口香糖等；
				—	巧克力及巧克力制品；可可制成的食品；
				—	果酱、坚果酱（花生酱、栗子酱等）、蜜饯、果冻等；
				—	蜂蜜、人造代糖等；
				—	焙烤食品：西式糕点、中式糕点、面包、饼干、膨化食品、焙烤松脆食品（薯片、锅巴等）。
					不包括：冲饮可可粉和巧克力粉，归入（0102）。
		010113	其他食品		
					指购买上述未包含的食品支出，包括：
				—	调味品：盐、味精、酱油、食醋、调料块（花椒粒、桂皮等）、调味粉（花椒粉、姜粉等）、调味油（辣椒油、花椒油等）、调味汁（番茄沙司、姜汁等）、调味酱（芝麻酱、沙拉酱、辣椒酱等）、鸡精、复合调味料等；
				—	发酵类制品：发面酵母等；
				—	婴幼儿用均化食品：婴儿果泥肉泥、婴儿米粉等；
				—	羹汤、调味汤、原汁汤、烹调配料等，包括含蔬菜、含肉、含水产品的调味汤等；

（续 表）

代 码			名 称		说 明
				—	甜玉米罐头、八宝粥罐头等；
				—	方便食品:挂面、切面、饺子、包子、馒头、窝头、烙饼、面条、年糕、饺子皮等速冻或即食的食品，方便面、方便米粉、方便米饭、冷冻比萨、三明治等已配置好待加热后直接食用的方便食品等；
				—	新鲜或焙、炒、碾磨等加工制成的芝麻等；
				—	淀粉及淀粉制品：小麦淀粉、玉米淀粉、马铃薯淀粉等，粉丝、粉条、面筋等淀粉制品。
					不包括：生姜、新鲜葱、新鲜大蒜等，归入（010105）。
	0102		饮料（不含酒精）		
					指购买不含酒精的饮料支出，包括液体饮料、固体冲剂饮料。
				—	碳酸型饮料（汽水）:苏打水、可乐等；
				—	果汁和蔬菜汁类饮料：浓缩果汁和浓缩蔬菜汁；
				—	含奶量低的含乳饮料：乳酸菌饮料、果奶饮料等；
				—	植物蛋白饮料:豆奶、椰子汁、核桃露等；
				—	包装饮用水：天然矿泉水、纯净水、矿物质水等；
				—	精致茶及茶制品：茶叶，块状固体茶，茶的浓缩品、提炼品或精炼品；
				—	咖啡：包括速溶咖啡和咖啡豆；
				—	冲饮品：可可粉、巧克力粉、果汁粉、藕粉、黑芝麻糊、油茶面、冲饮麦片、豆浆粉、豆粉等；

（续 表）

代 码			名 称		说 明
				—	其他饮料，包括冰茶、凉茶、运动饮料、营养素饮料等；
				—	冷冻饮品：冰淇淋、雪糕、冰棒、雪泥等。
					不包括：豆浆，归入（010103）；不含酒精的无醇啤酒，归入（010302）；旅馆、餐馆、咖啡厅、酒吧、街头摊贩、自动售货机等出售的在外立即饮用的饮料，归入（0104）。
	0103		烟酒		
		010301	烟草		
					指住户购买的所有烟草支出，包括在餐馆、咖啡厅、酒吧、加油站等购买的烟草。
				—	香烟；烟叶、烟丝和卷烟纸；
				—	雪茄、鼻烟。
					不包括：烟具，归入（080102）。
		010302	酒类		
					指购买散装或瓶装含酒精饮料的支出，包括含酒精度数较低或不含酒精的酒类，例如，无醇啤酒。
				—	白酒；
				—	啤酒，包括熟啤酒、生啤酒、特种啤酒、无醇啤酒；
				—	黄酒；
				—	葡萄酒；
				—	果酒及配制酒；
				—	白兰地等；
				—	含酒精的开胃酒，香槟酒，低度酒精的酒等。

（续 表）

代 码			名 称		说 明
					不包括旅馆、餐馆、咖啡厅、酒吧、街头摊贩、自动售货机等出售的在外立即引用的酒，归入（0104）。
	0104		饮食服务		
					指在餐馆等支付的饮食服务（膳食、小吃、饮料、茶和酒）的支出，包括：
				—	中式正餐、自助餐、西餐、快餐等；
				—	在茶馆、酒吧、咖啡馆、冰激凌店等支付的餐饮服务费用；
				—	在特色风味及小吃店、糕点餐饮店等支付的餐饮服务费用；
				—	在剧场、影院等场所消费的饮食服务；
				—	在公共运输工具上另付费消费的饮食服务（长途汽车、火车、飞机等）；
				—	单位食堂提供的饮食服务；
				—	在快餐店、咖啡厅、酒吧、街头摊贩、自动售货机等购买的在外即食食品、饮料等；
				—	在食堂和餐馆购买的外卖熟食、熟菜等，不论是自己提取或是送货上门；
				—	食品加工服务费：爆米花、压面条等。
					不包括：在餐馆、咖啡厅、酒吧、加油站等购买的烟草，归入（010301）；医院为住院患者提供的食物和饮料，归入（070202）；与教育有关的饮食服务，归入（0601）下相应类别中。
02			衣着		
	0201		衣类		
		020101	服装		

（续 表）

代 码			名 称		说 明
					指购买以棉、麻、毛、丝、化纤、皮革、毛皮等面料制成的男装、女装及童装的支出，包括：
				—	大衣、羽绒服、防寒服、风衣、西装、便装、衬衫、裙等；
				—	睡袍、睡衣、家居服、浴衣、内衣等；
				—	婴儿服装和用纺织材料做成的婴儿鞋袜。
					不包括：婴儿纸尿裤，归入（080102）。
		020102	服装材料		
					指购买棉、麻、毛、丝、化纤等服装材料的支出，包括：
				—	梭织、针织或编织服装材料；
				—	毛线、缝纫线、花边等。
					不包括：用于加工床上用品、窗帘、桌布等装饰织物的布等材料，分别归入（0403）下有关类别。
		020103	其他衣类及配件		
					指购买衣着配件、附件的支出，包括：
				—	手套、袜、围巾、领带、手帕、腰带、背带、帽等；
				—	摩托车、脚踏车等用的安全防撞头盔。
					不包括：橡胶手套和类似用品，归入（040404）；缝纫针、编织针、顶针等，归入（040404）；运动防护帽盔、救生衣、拳击手套等运动防护用品，归入（060202）；手表、首饰、袖口钉、领带别针等，归入（080101）；雨衣、雨披、雨伞、遮阳伞、手杖、拐棍、扇子、钥匙链等，归入（080102）。

（续 表）

代 码			名 称		说 明
		020104	衣类加工服务费		
					指服装等加工服务费支出，包括：
				—	衣物的洗涤（包括干洗）和染色；
				—	衣物的修补（织补、缝补）和修改；
				—	衣物的保养；
				—	衣物的租借。
					不包括：住户为自己修补、修改衣物而购买的布等材料、线、配件等，归入（020102）或（020103）；家用纺织品的修补，归入（0403）下有关类别；家用纺织品、地毯、挂毯等的洗涤（包括干洗）、染色、租借等，归入（040601）。
	0202		鞋类		
		020201	鞋		
					指购买男鞋、女鞋、童鞋等的支出，包括：
				—	皮鞋、纺织面鞋、胶鞋、塑料鞋、木制鞋。
					不包括：纺织面料制婴儿鞋，归入（020101）；鞋油、鞋蜡等鞋类保养物品，归入（040404）；运动专用鞋（滑雪鞋，安装有冰刀、滚轮、鞋钉、防滑钉的鞋等），归入（060201）。
		020202	鞋类配件及加工服务费		
					指购买鞋类配件及加工服务支出，包括：
				—	鞋带、鞋垫、鞋跟、鞋钉、鞋底等鞋类配件；
				—	修鞋服务；擦鞋服务；鞋的保养服务；
				—	鞋的租借；

（续 表）

代 码			名 称		说 明
				—	修补、保养等服务的总价值（包含劳务费和材料费）。
					不包括：鞋油、鞋蜡等鞋类保养物品，归入（040404）；运动专用鞋的修理，归入（060201）；运动专用鞋的租借，归入（060203）。
03			居住		
	0301		租赁房房租		指租赁包括房间、房内固定装置、家具、供暖、管道和照明设备等的使用费支出，也包括租赁宾馆、旅店、招待所等的房间作为主要居所而支付的费用，还包括为第二居所支付的房租。
					不包括：物业费，垃圾收集和污水收集的费用等，归入（0302）下有关类别；水费，电费，煤气费，取暖费等，归入（0303）下有关类别；使用车库或停车场等支付的费用，归入（050103）；与教育配套的住宿，归入（0601）下有关类别；度假村和旅游景点的住宿服务，归入（080201）；养老院、残疾人护理中心等提供的住宿服务，归入（080203）；一次性购买车库或车位支付的费用，不计入居民消费支出。
		030101	租赁公房房租		
					指租赁公有住房为居所而支付的实际房租，通常由用人单位分配给职工居住，并按照有关规定收取房租。
		030102	租赁私房房租		
					指租赁私有住房为居所而支付的实际房租，通常是租用私人购买或建造的住宅，并按照协议支付房租。

（续 表）

代 码			名 称		说 明
	0302		住房保养、维修及管理		
		030201	住房装潢和维修		
					指用于住房装潢、维修和保养等的支出，此类中所指装潢和维修，仅指为了使住房保持原使用状况进行的小规模保养、维修，包括：
				—	维修水暖、维修管道、维修电路、木工装潢、泥瓦工维修和装潢等；
				—	购买砖、地板革、油漆、涂料、清漆、抹灰、墙纸、窗玻璃、石膏、水泥等的支出；
				—	购买管道配件（水管、水龙头、接头）等的支出；
				—	雇用水管工、电工、装玻璃工、地板磨光工等服务支出；
				—	一揽子支付的服务总价值（即包含劳务费和材料费）。
					不包括：家具材料，归入（040102）；购买地毯，归入（040103）；购买家用手工工具，归入（040403）；门锁等门上配件、电源插座、电线、灯泡等，归入（040404）；不包括为改进住房性能、改变房屋结构、扩大居住面积而进行的大型装修、扩建支出，该内容不计入居民消费支出。
		030202	物业管理费		
					指与居住区域有关的维护和管理费用支出，包括居住区域园艺、绿化、健身器械、楼梯清扫、公共照明、电梯维护等，通常由物业服务管理公司按照服务合同收取。

（续 表）

代 码			名 称		说 明
					不包括：擦窗玻璃、住房消毒和灭虫服务，归入（040601）；私人保镖服务，归入（080206）。
		030203	住房其他保养、维修及管理		
					指上述支出外，与住房有关的其他保养、维修和管理支出，包括：
				—	未包含在物业管理费中的垃圾收集费、处理费，卫生费等；
				—	污水的收集和处理，包括与自来水费同时缴纳的污水处理费部分；
				—	其他未另列明的住房保养、维修及管理支出。
					不包括：自来水费、中水费等，归入（030301）。
	0303		水、电、燃料及其他		
		030301	水		
					指与居住有关的用水支出，包括：
				—	自来水费，中水费等；
				—	使用统一供应的热水支付的费用；
					不包括：与自来水费同时缴纳的污水处理费部分，归入（030203）；从自动售水机购买的过滤水、净化水，装在瓶中或容器中出售的饮用水，归入（0102）；净水器，水过滤器等饮用水处理设备，归入（040201）。
		030302	电		
					指与居住有关的用电支出，包括：

（续 表）

代码			名称		说明
				—	电费。
		030303	燃料		
					指与居住有关的燃料支出，包括：
				—	居住用煤气、天然气、液化石油气等，包括管道燃气和罐装燃气；
				—	煤、焦炭、薪柴、木炭等；
				—	沼气；
				—	分户燃气壁挂炉用户缴纳的燃气费。
					不包括:交通工具用燃料,归入（050102）。
		030304	取暖费		
					指与居住有关的取暖支出，包括：
				—	集中供暖住户缴纳的取暖费。
					不包括:购买家用电热取暖器具的支出(电暖气、电暖炉、电热毯等)，归入（0402）下有关类别；分户燃气壁挂炉用户缴纳的燃气费，归入（030303）。
		030305	其他水、电、燃料等		
					指其他与居住有关的水、电、燃料等支出。
	0304		自有住房折算租金		
					指拥有自有住房（包括自建住房、商品房、保障性住房、继承或获赠住房等）的住户为自身消费提供的住房服务的估算价值。相当于在市场上租用同样大小、质量和类型的房屋所要支付的租金。包括其他空置自有住房的估算租金，还包括租金较低或免费借用住宿的住户的估算租金。

（续 表）

代 码			名 称		说 明
04			生活用品及服务		
	0401		家具及室内装饰品		
		040101	家具		
					指购买木质、金属、塑料、竹、藤、玻璃、石头、陶瓷等材料制作的家具的支出，包括：
				—	床、床垫、沙发、桌子、椅子、柜子、书架、收纳箱等家具；
				—	儿童家具：儿童桌子、儿童床等；
				—	家具配件和零件；
				—	购买家具时支付的运送和安装费；
				—	家具的租借和修理。
					不包括：照明灯具、灯饰，归入（040103）；床上纺织用品，归入（040301）；餐具、厨具和茶具等，归入（040402）；挂钟、座钟、闹钟等，归入（040404）；温度计、湿度计和气压计，归入（040404）；婴儿用品：手提式婴儿篮、婴儿推车、婴儿椅、婴儿床等婴儿用具，归入（080102）；为保值、增值而收藏的古董家具，不计入居民消费支出。
		040102	家具材料		
					指购买制造和维修家具的材料支出，包括：
				—	木材、涂料、玻璃、板材、粘胶等。
		040103	室内装饰品		
					指购买室内装饰用品的支出，包括：

（续 表）

代码		名称		说明
			—	雕塑、漆器等工艺品、装饰画、画框、人造花、干燥花、花瓶、天然植物纤维编织工艺品、抽纱刺绣工艺品等室内装饰品等；
			—	挂毯、地毯等；
			—	照明灯具、灯饰等。
				不包括：镜子，归入（040404）；蜡烛和烛台，归入（040404）；灯泡、灯管等灯具配件，归入（040404）；为保值、增值而收藏的艺术品和古董，不计入居民消费支出。
0402		家用器具		
	040201	大型家用器具		
				指购买不论是否用电的大型家用器具支出，包括：
			—	冰箱，冷藏箱和冷冻箱；
			—	洗衣机、干衣机、洗碗机；
			—	炉灶、烤箱、微波炉；
			—	空调、加湿器、电暖器、电暖炉、热水器、通风机、排气机；
			—	吸尘器，地板刷洗、打蜡、上光机等；
			—	其他大型家用器具：缝纫机，编织机，净水器，水过滤器等饮用水处理设备，保险柜等。
			—	购买大型家用器具时产生的运送和安装费；大型家用器具的租借。
				不包括：嵌入建筑物结构中的上述用具，不计入居民消费支出；大型家用器具的修理，归入（040602）。

（续 表）

代 码			名 称		说 明
		040202	小型家用电器		
					指购买小型家用电器的支出，包括：
				—	小型家用电热烹调器具：微波炉、电饭锅、电磁灶、电炒锅、电火锅、电饼铛、电煎锅、电煎炸锅、电压力锅等；
				—	小型家用电热烘烤器具：面包片烘烤炉、家用电烤箱、电烤炉等；
				—	小型家用水及饮料加热器具：电咖啡壶、电水壶、电饮水机、制酸奶机等；
				—	其他小型家用电器：榨汁机、豆浆机、电熨斗、电风扇、电热毯等。
					不包括：不用电的小型家用器具和厨房器皿，归入（040402）；小型家用电器的修理，归入（040602）。
		040203	家用电动工具和设备		
					指购买家用电动工具和设备支出，包括：
				—	电钻、电锯、割草机等；
				—	家用电动工具和设备的租借。
					不包括：家用电动工具和设备的修理，归入（040602）。
	0403		家用纺织品		
		040301	床上用品		
					指购买以棉、麻、毛、丝或合成纤维等为主要原料，梭织、针织或编织加工制成的床上用品支出，包括：

（续 表）

代码			名称		说明
				—	床褥单、被面、枕套、被罩、床罩、毯子、凉席等；
				—	羽绒被、枕头（填充羽绒、化纤棉等）、鸭绒被、羊毛被、棉被、蚕丝被、毛巾被、枕巾等；
				—	用于加工床上用品的布等材料（包括含加工费在内的一揽子支出）。
					不包括：各种材料和填充物制成的睡袋、吊床等野营用品，归入（060201）；电热毯，归入（040202）。
		040302	窗帘门帘		
					指购买以棉、麻、毛、丝及化学纤维等为主要原料，梭织、针织或编织加工制成的窗帘等支出，包括：
				—	窗帘、帐幔、蚊帐、门帘、帘帷、隔断帘等；
				—	用于加工窗帘等用品的布等材料（包括含加工费在内的一揽子支出）。
		040303	其他家用纺织品		
					指购买以棉、麻、毛、丝及化学纤维等为主要原料，梭织、针织或编织加工制成的，除床上用品和窗帘门帘以外的家用纺织品的支出，包括：
				—	桌布、台布、毛巾（面巾、方巾、浴巾等）；
				—	餐桌、盥洗及厨房用纺织品：餐垫、餐巾、餐布等；
				—	坐垫、靠垫、垫子套等；
				—	纺织地垫、纺织毯等地面覆盖物；
				—	无纺布袋、纺织购物袋、纺织洗衣袋等；

（续 表）

代 码			名 称		说 明
				—	用于加工其他家用纺织品的布等材料（包括含加工费在内的一揽子支出）。
					不包括：地毯、挂毯等，归入（040103）；电热毯，归入（040202）；汽车、摩托车等用坐垫、座套、脚垫、方向盘套、布罩等，归入（050103）；各种材料和填充物制成的睡袋、吊床等野营用品，归入（060201）。
	0404		家庭日用杂品		
		040401	洗涤及卫生用品		
					指购买家庭用清洁、去污、消毒等用品支出，包括：
				—	清洗用品，包括洗衣皂、洗涤剂、洗衣粉、柔顺剂、去污粉、消毒剂、漂白剂等；
				—	清洁用具，包括洗碗布、抹布、扫帚、簸箕、刷子、墩布、擦地布等；
				—	清洁用纸制品，包括面巾纸、餐巾纸、卫生纸、湿纸巾、厨房用纸、纸制餐具等。
					不包括：卫生巾，归入（040502）。
		040402	厨具、餐具、茶具等		
					指购买家庭用烹饪、用餐、用茶等用品支出，包括：
				—	碗、盘、碟、瓶、罐等餐具和厨具；
				—	筷子、刀、勺、叉、铲等餐具和厨具；
				—	杯子、酒杯、水瓶等玻璃器皿；
				—	咖啡杯、茶杯、咖啡壶、茶壶等咖啡和茶用具；

（续 表）

代 码			名 称		说 明
				—	非电厨具，包括锅、厨房用磅秤等；
				—	锅垫、蒸屉、烘焙器具等各种烹饪配件。
					不包括：家用电器，归入（040201）或（040202）；纸质餐具，归入（040401）。
		040403	家用手工工具		
					指购买家用非电动手工工具支出，包括：
				—	锯子、锤子、螺丝刀、扳子、锹、铲、耙等。
					不包括：电钻，电锯等，归入（040203）。
		040404	其他家庭日用杂品		
					指购买以下家庭用品的支出：
				—	挂钩，衣架，梯子，蜡烛，烛台，镜子，挂钟、座钟、闹钟等，温度计，湿度计，气压计，门锁，皮革上光油，鞋油、鞋蜡等鞋类保养物品，火柴，别针，缝纫针，编织针，顶针，钉子，螺帽和螺栓，橡胶手套，垃圾箱，废纸篓，洗衣篓，毛巾架，熨烫板等；
				—	小型配电附件：电源插座、电线、灯泡、灯管、手电筒、应急灯、电池等；
				—	塑料袋、保鲜膜、垃圾袋等；
				—	其他为另列明的家庭日用品。
					不包括：专门用于清洗和保养交通工具的油漆、密封胶、车身上光蜡等，归入（050103）；园艺用品和宠物用品，归入（060202）；卫生纸、餐巾纸等，归入（040401）；手绢等，归入（080102）；香皂、洗面奶、洗发水等，归入（0405）下有关类别；毛巾、浴巾等，归入（040303）；烟斗、打火机及其燃料、配件等，归入（080102）；手表，归入（080101）。

（续 表）

代 码			名 称		说 明
	0405		个人护理用品		
		040501	化妆品		
					指购买以涂抹、喷洒等方法，散布于面部等，以达到清洁、保养、护肤、美容、修饰和改善效果的用品支出，包括：
				—	清洁化妆品：洗面奶、洗面专用皂、卸妆油、卸妆水等；
				—	护肤类化妆品：乳霜、乳液、护手霜、化妆水、精华液、面膜等；
				—	彩妆类化妆品：唇膏、胭脂、粉饼、粉底液、眼影、眼线笔、睫毛膏、指甲油等；
				—	化妆器具:化妆刷子、睫毛夹、修眉刀剪等。
					不包括：香水等，归入（040502）。
		040502	其他个人护理用品		
					指购买化妆品以外的个人护理用品支出，包括：
				—	清洁类个人护理用品:牙膏、牙粉、牙贴、牙线、漱口水、香皂、洗发剂（香波）、护发素、沐浴剂及人体清洁用类似品、洗手液、药皂、刮胡刀片、剃须用剂、指甲刀等；
				—	护发、美发类个人护理用品：烫发剂、染发剂、生发剂、定型剂、发胶、发蜡、护发乳霜等；
				—	香水、香膏、花露水等；
				—	个人护理电器:电动刮胡刀、电动剪发器、吹风机、卷发器、电动牙刷、电美容仪等；
				—	卫生巾、成人纸尿裤、棉签、梳子、牙刷等。

（续 表）

代 码			名 称		说 明
					不包括：婴儿纸尿裤，归入（080102）。
	0406		家庭服务		
		040601	家政服务		
					指家政服务类支出，包括：
				—	雇佣私人服务人员提供全时家庭服务：保姆服务、保育服务等；
				—	雇佣私人服务人员提供钟点工家庭服务：厨师服务、清扫服务（擦玻璃、擦地板等）、消毒和灭虫服务等；
				—	家庭宴会等服务：同时雇佣多名服务人员，完成较大规模家庭宴会中烹饪、清扫、接待等多项服务；
				—	家用纺织品、地毯、挂毯等的洗涤（包括干洗）、染色、租借等。
					不包括：衣物的洗涤（干洗）和染色，归入（020104）；垃圾收集，归入（0302）下有关类别；污水处理，归入（030203）；物业管理费，归入（030202）；搬家、搬运服务，归入（050104）；住院期间雇佣在医院监督指导下的非专业医务人员（住院护工）的护理支出，归入（070202）；长期供养老人的养老院、残疾人护理机构等提供的服务，归入（080203）；私人保镖服务，归入（080206）。
		040602	家庭设备修理		
					指本大类中所列大型家用器具、小型家用电器、家用电动工具和设备等的修理，包括一揽子服务的总价值（即包含服务费和材料费）。
					不包括：家具的修理，归入（040101）；文化和娱乐耐用消费品的修理，归入（060201）。

（续　表）

代　码			名　称		说　明
05			交通和通信		
	0501		交通		
		050101	交通工具		
					指购买各种非经营用交通工具的支出，包括：
				—	基本型乘用车、多功能乘用车等机动车辆；
				—	摩托车、电动（助动）自行车等；
				—	两轮、三轮脚踏自行车，人力车；
				—	兽力车，拉车所需的马等牲畜以及有关配件（颈圈、挽具、缰绳等）。
					不包括：残疾人座车，归入（070104）；购买经营用交通工具的支出，不列入居民消费支出。
		050102	交通工具用燃料等		
					指购买各种非经营用交通工具所使用的燃料等支出，包括：
				—	汽油、柴油等；
				—	润滑剂、制动液、冷却液、玻璃水等；
				—	电动自行车电瓶及电瓶充电费；
				—	新能源汽车电源及充电费。
					不包括：在车辆保养和维修过程中一揽子支付的上述费用，归入（050103）。
		050103	交通工具使用和维修		
					指用于非经营性交通工具的使用、保养和维修支出，包括：

（续 表）

代码			名称		说明
				—	交通工具使用中在收费设施（高速公路、桥梁、隧道等）的收费，停车场收费、车库收费、交通工具使用税费等；
				—	专门用于清洗和保养交通工具的油漆、密封胶、车身上光蜡、灭火器、遮阳板等；
				—	汽车、摩托车等用坐垫、座套、脚垫、方向盘套、布罩等；
				—	交通工具常规保养：轮胎、火花塞等零件和配件的更换和安装，技术检查，故障排除，换油、润滑和清洗。包括为全部维修和保养一揽子支付的总支出（包含服务费和材料费）；
				—	不配备驾驶员的交通工具的租用。
					不包括：摩托车和脚踏车用安全防撞头盔，归入（020103）；包含驾驶员在内的交通工具的租用，归入（050104）；车载无线电话、车载导航设备，归入（050201）；驾驶培训和驾照考取，归入（060107）；车用婴儿座椅，归入（080102）。
		050104	交通费		
					指乘坐交通工具等费用支出，包括：
				—	由火车、城际列车和地铁提供的运输，包括车辆的运输，包括购买火车站站台票；
				—	由公共汽车、长途汽车、计程车和连同司机在内租用的汽车提供的运输；
				—	由飞机和直升机提供的运输；
				—	由轮船等类似工具提供的运输，包括车辆的运输；
				—	由两种或两种以上运输工具提供的联合运输；
				—	乘坐交通工具同时发生的行李搬运、仓储、寄存、转运、运输费等；

（续 表）

代 码			名 称		说 明
				—	乘坐交通工具同时发生的餐饮、住宿等费用；
				—	搬家、搬运服务。
					不包括：玩具两轮、三轮脚踏车，归入（060202）；一揽子旅游度假服务，归入（060204）；救护车服务，归入（070202）；交通罚款，不计入居民消费支出；因公出差暂由个人垫付的交通费，不计入居民消费支出。
	0502		通信		
		050201	通信工具		
					指购买通信工具的支出，包括：
				—	固定电话、移动电话、寻呼机、对讲机等及其配件；
				—	车载无线电话、车载导航设备等；
				—	通信工具的修理。
					不包括：平板电脑，归入（060201）。
		050202	电信服务		
					指与电信服务有关的支出，包括：
				—	固定电话、移动电话的安装费、使用费等；
				—	使用公用电话、邮局电话等拨打电话的费用；使用旅馆、咖啡厅、餐馆及类似场所电话单独支付的费用；
				—	电报、电传和传真服务费；
				—	互联网连接和使用费等。
		050203	邮递服务		
					指通过邮政局或快递公司递送支出，包括：
				—	通过邮政局寄送信件、明信片和包裹的邮费；

（续 表）

代 码			名 称		说 明
				—	通过快递公司寄送包裹等的快递费；
				—	购买用于通信的邮票支出。
					不包括：购买已盖邮戳的旧邮票，用于收集的邮票等，归入（060202）；邮局提供的金融服务，归入（080205）。
06			教育、文化和娱乐		
	0601		教育		本类包括教育服务以及购买与教育有关的教材和教育用品的支出，如教科书（教材）、参考书、工具书、配套教育软件等，还包括学杂费、培训费、运输服务、在校饮食服务和住宿服务等费用，包括通过无线电、电视广播和互联网接受的教育。不包括在学校接受的医疗和卫生保健服务，归入（0702）下有关类别。
		060101	学前教育		
					指对从出生到学龄前儿童的保育、开发和教育，包括幼儿园教育服务和其他学前教育服务，以及各类幼儿开发、辅导教育支出。
		060102	小学教育		
					指与《中华人民共和国义务教育法》规定的小学教育以及成人小学教育有关的支出，包括：
				—	普通小学教育，成人小学教育，对超过小学年龄的学生举办的扫盲课程，还包括针对小学阶段的各种课内外培训、辅导等。
		060103	初中教育		
					指与《中华人民共和国义务教育法》规定的初级中等教育有关的支出，包括：
				—	普通初中教育，职业初中教育，成人初中教育，还包括针对初中阶段的各种课内外培训、辅导等。

（续 表）

代 码			名 称		说 明
					不包括：高中教育支出，归入（060104）。
		060104	高中教育		
					指非义务教育阶段，对初中毕业生进行高中教育的支出，包括：
				—	普通高中教育，成人高中教育，还包括针对高中阶段的各种课内外培训、辅导等。
		060105	中专职高教育		
					指中等技术学校、中等师范学校、成人中等专业学校、职业高中学校、技工学校等中等职业教育支出。
					不包括：成人职业、专业技能培训支出，归入（060107）。
		060106	高等教育		
					指在完成高级中等教育基础上的获取学历的高等教育支出，包括：
				—	大学专科教育、大学本科教育、研究生教育、成人高等教育等。
		060107	其他教育和培训		
					指无法按上述教育等级归类的教育和培训支出，包括：
				—	职业技能培训、专业技能培训、体校及体育培训、文化艺术培训、驾驶课程培训和驾照考取、对残障儿童、青少年的特殊教育等；
				—	出国留学教育支出。
					不包括：以娱乐、休闲为目的的健身班、舞蹈班、歌唱班、俱乐部、会所等支出，归入（060203）。

（续 表）

代 码			名 称		说 明
	0602		文化和娱乐		
		060201	文化和娱乐耐用消费品		
					指购买用于文化、休闲、娱乐等目的，使用寿命较长，一般可多次使用的消费品支出，包括：
				—	声音和图像的接收和播放设备：电视机，录像机，收音机，唱片机，盒式磁带播放机，激光唱片和视盘播放机（DVD 播放机、VCD 播放机），音响设备、家庭影院等及其组件（调谐器、扩音器、扬声器等），便携式播放机（MP3、MP4 等）及其配件，麦克风，耳机等；
				—	摄像和摄影设备，配套光学设备及其配件：摄影机，摄像机，家用电影和幻灯放映机，屏幕、镜头、闪光灯、滤光器等配件，望远镜、显微镜等光学设备；
				—	信息处理设备：台式计算机，笔记本电脑，平板电脑，电子书阅读器，电子词典，显示器，打印机，复印机等设备及其配件，计算器；
				—	游戏和体育耐用消费品：游戏机，冲浪板，滑板，球拍、球棒，杠铃，跑步机等室内、室外训练健身器材，降落伞及其配件，钓鱼用品和器材，滑雪鞋，滑雪橇，安装有冰刀、滚轮、鞋钉、防滑钉的专用鞋类，野营帐篷，各种材料和填充物制成的睡袋、吊床等野营用品等；
				—	乐器：钢琴、小提琴、手风琴、小号、笛子、口琴等中西乐器，电子乐器，乐器辅助用品和零件；
				—	文化和娱乐耐用消费品的修理。

（续 表）

代　码			名　称		说　明
					不包括：摩托车和脚踏车用安全防撞头盔，归入（020103）；电池，归入（040404）；车载无线电话、车载导航器，归入（050201）；采取软件或光盘形式存储的图书、词典、多媒体资源、游戏软件等，归入（060202）；运动防护帽盔、救生衣、拳击手套等运动防护用品，归入（060202）；文化和娱乐耐用品的租借，归入（060203）。
		060202	其他文化和娱乐用品		
					指购买文化和娱乐耐用消费品以外的文化和娱乐用品支出，包括：
				—	报纸、图书和文具：图书、字典；报纸、杂志和期刊；日历册、贺卡、名片、请柬等；地图、地图册和地球仪；信封、笔记本、钢笔、铅笔、自来水笔、圆珠笔、毛笔、墨水、墨汁、橡皮、削笔刀、打孔器、剪纸刀、胶水、订书机、回形针、图钉等文具；画布、纸张、纸板、颜料、蜡笔、彩笔等绘画用品；
				—	游戏、体育用品：象棋、军棋、扑克牌等棋牌类游戏用品；桌面游戏用品；足球、篮球、排球、乒乓球、羽毛球、球网等运动用球；毽子、跳绳等体育器材及配件；运动防护帽盔、运动防护镜、救生衣、拳击手套等运动防护用品；
				—	玩具、业余爱好用品：儿童玩具、毛绒玩偶制品、玩具两轮、三轮脚踏车；邮票、硬币、标本等收集品及收集所需用具；花卉等植物（包括花草种、盆栽植物、鲜切花、花束等）及养殖所需用品，园艺产品（盆景等）以及园艺用具；宠物及养殖所需用品（包括购买宠物、宠物食品、宠物（兽用）药品、治疗用品、清洁用品以及颈圈、皮带、狗舍、鸟笼、鱼缸、猫窝等的支出）；

（续 表）

代 码			名 称		说 明
				—	以软件或光盘形式存储的图书、词典、多媒体资源、应用软件、游戏软件等；
				—	其他文化和娱乐用品的修理。
					不包括：摩托车、脚踏车用防撞头盔，归入（020103）;室内装饰品,归入（040103）;电池，归入（040404）；购买用于通信的邮票，归入（050203）；与教育有关的教材和教育用品支出，如教科书（教材）、参考书、工具书、配套教育软件等，归入（0601）项下相应的教育支出中；文化和娱乐耐用品的租借，归入（060203）；为保值或增值而购买的艺术品、古董等收藏品，不计入居民消费支出。
		060203	文化和娱乐服务		
					指与文化和娱乐有关的服务支出，包括：
				—	观看电影、话剧、歌舞剧、音乐演出等支出；参观博物馆、图书馆、美术馆及各类展览等;参观历史古迹、公园、动物园等;订阅电视节目、有线电视费等；
				—	在足球场、赛马场、赛车场等参与娱乐性活动或观看比赛等；在溜冰场、游泳池、高尔夫球场、健身中心、网球场、台球厅、保龄球场、滑雪场等活动；在游乐场、电子游艺厅活动；
				—	网吧、儿童室内游乐设施、歌舞厅，卡拉OK 厅娱乐服务；
				—	乘坐滑雪场、游览景区的索道车、缆车和升降车；导游服务；
				—	以娱乐、休闲为目的的健身班、舞蹈班、歌唱班、俱乐部、会所等支出；
				—	租用各种文化和娱乐用品支出：借书、租用滑雪板、溜冰鞋等；

（续 表）

代 码			名 称		说 明
				—	摄影服务：拍摄、胶片冲洗、放大证件照、个人写真、婚纱照等；
				—	购买体育彩票。
		060204	一揽子旅游度假服务		
					指外出团体旅游支出，包括旅行、餐饮、住宿、导游等在内的全部服务费用，包括半日游、一日游等，还包括在旅游过程中的其他支出。
					不包括自助旅游中，单独支付的住宿、餐饮、交通、导游、门票、购物等费用，应归入相应的消费支出类别。
07			医疗保健		
	0701		医疗器具及药品		
		070101	药品		
					指从药店等购买用于人体疾病防治、诊断的药品支出，包括：
				—	各种西药、中草药材、中药饮片、中成药，消毒防腐及创伤外用药，血清和疫苗，口服避孕药等。
					不包括：门诊医疗与住院医疗过程中产生的药品、医疗器材和器具等支出，分别归入（070201）和（070202）；宠物（兽用）药品，归入（060202）；个人卫生护理用品，例如药皂等，归入（040502）。
		070102	滋补保健品		

（续 表）

代 码			名 称		说 明
					指购买具有特定滋补保健功能，适用于特定人群食用，具有调节机体功能，不以治疗为目的，对人体不产生急性、亚急性或慢性危害的营养、滋补、保健制品支出，包括：
				—	蜂王浆等营养口服液等；
				—	以补充维生素、矿物质等为目的的营养补充剂、鱼油、鱼肝油等。
		070103	医疗卫生器具		
					指购买医疗卫生器具等支出，包括：
				—	医用橡皮膏、创可贴止血膏布、脱脂棉花、绷带、纱布等；
				—	体温计，皮下注射器，急救包，热水瓶和冰袋，妊娠、排卵等试剂，避孕套和其他物理避孕装置。
		070104	保健器具		
					指购买用于矫形、医疗按摩、身体保健的器具支出，包括：
				—	按摩椅、按摩器等按摩设备，磁疗设备；
				—	矫正眼镜和隐形眼镜、助听器、假眼、假肢和其他假体装置，矫形鞋、护颈等；
				—	电动或非电动残疾人专用座车、拐杖；
				—	监测血压、血糖装置等；
				—	保健器具的修理、租借。
					不包括：治疗设备的租借，归入（070201）；运动用保护镜等，归入（060202）；没有矫形功能的太阳镜及装饰眼镜，归入（080102）。

（续 表）

代 码			名 称		说 明
	0702		医疗服务		指由医生和医务辅助人员为患者提供的医疗服务支出，包括牙科服务，可以在家中、私立医院和私人诊所、学校医务室、社区医疗室、牙医诊所等类似地点提供。不包括由医疗保险和医疗救助计划报销的医药费和医疗费。
		070201	门诊医疗费		
					指由医生和医务辅助人员提供给门诊患者的就诊服务支出，包括：
				—	挂号费，门诊就诊过程中产生的注射费，化验分析、X 光、B 超、CT 等费用；牙科就诊服务，包括补牙、牙齿整形、口腔保健、假牙安装和镶嵌等费用；患者雇佣自由职业的针灸师、按摩师、理疗师、语言矫治等服务费；身体检查（体检）的费用；治疗设备的租借费用；
				—	在门诊就诊过程中产生的药品、医疗器材、器具等费用。
		070202	住院医疗费		
					指由医生和医务辅助人员提供给住院患者的医疗服务支出，包括：
				—	医院住院部门提供的一般服务：行政、住宿、餐饮、护理等；
				—	医院住院部门提供的医疗服务：医疗分析和化验、理疗、手术、急救和抢救、急诊、救护车运送等；
				—	在住院期间产生的药品、医疗器材、器具等费用；
				—	在住院期间雇佣在医院监督指导下的非专业医务人员（住院护工）的护理支出；

（续 表）

代 码			名 称		说 明
				—	在患者家里提供的医院治疗服务、临终患者的收容等；
				—	以治疗为主，提供住院服务的妇产医院、疗养院和康复院等提供的服务。
					不包括：为门诊治疗提供的手术室等服务，归入（070201）；长期供养老人的养老院、残疾人护理机构等提供的服务，归入（080203）。
08			其他用品和服务		
	0801		其他用品		
		080101	首饰、手表		
					指购买首饰、手表等用品支出，包括：
				—	宝石和金属首饰,宝石和金属镶嵌的首饰;
				—	服装珠宝饰物、袖口钉、领带别针等；
				—	手表、怀表等个人佩戴钟表；
				—	手表、首饰等物品的修理。
					不包括：室内装饰品，归入（040103）；挂钟、座钟、闹钟等，归入（040404）；主要为保值和增值而购置的贵重珠宝、贵金属以及珠宝和贵金属镶嵌的首饰，不计入居民消费支出。
		080102	未列明的其他用品		
					指购买以下用品支出：
				—	箱、包及类似用品：衣箱、提箱、手提包（袋）、行李箱、背包、公文包、皮包、塑料包、纺织面料包、皮夹、钱包等；

（续　表）

代　码			名　称		说　明
				—	婴儿用品：婴儿奶瓶、婴儿纸尿裤、婴儿车、幼儿推车、手提式婴儿篮、婴儿床、婴儿餐椅、婴儿背带等、车用婴儿座椅等；
				—	吸烟用具：烟斗、打火机及其燃料配件、香烟盒、雪茄切刀、烟灰缸等；
				—	其他个人用品：没有矫形功能的太阳镜及装饰眼镜，辅助用手杖、拐杖，雨衣、雨披、雨伞、遮阳伞，扇子，钥匙链，假发，手绢等；
				—	丧葬、祭祀用品：棺材、墓碑、骨灰盒、祭祀用品等；
				—	其他未另列明的用品支出；
				—	此类用品的修理。
					不包括：残疾人专用拐杖，归入（070104）。
	0802		其他服务		
		080201	旅馆住宿		
					指在以下为旅行者提供短期留宿场所的服务支出，包括：
				—	旅馆、招待所、汽车旅馆；
				—	度假村、旅游景点、野营地；
				—	住宿费用单独标价的公共运输工具（火车、船等）；
				—	住宿过程中支付搬运工的费用（包括小费）等。
					不包括：住户租用旅馆或招待所的房间作为其主要寓所而支付的费用，归入（0301）；为旅游度假而租用第二居所而支付的租金（0301）；住宿价格外的饮食服务支出，归入（0104）；养老院、残疾人收容所等支出，归入（080203）。

（续 表）

代码			名称		说明
		080202	美容、美发和洗浴		
					指专业理发、美容服务、洗浴服务支出，包括：
				—	理发、美发服务：对头发等的洗、剪、吹、烫、染、护理等服务；
				—	美容服务：脸部美容服务、美甲服务、纹身美容服务等；
				—	洗浴服务：洗浴中心、修脚、非治疗性按摩等服务。
					不包括：以娱乐、休闲、健身为目的的健身班和健身中心，归入（060203）。
		080203	社会保护		
					指对提供慈善、救助、福利、护理、帮助等社会工作机构的支出，包括：
				—	各级政府、企业和社会兴办的主要面向老年人、残疾人的专业化护理服务；
				—	养老院、老年福利院、老年公寓、敬老院、光荣院等；
				—	残疾人收养和护理服务。
					不包括：疗养院、康复中心服务，归入（070202）。
		080204	保险		
					指人寿保险、失业保险、交通工具保险、医疗保险、旅行保险等服务费支出。
		080205	金融		
					指在银行及其他金融机构、邮政局等的金融服务费支出。
		080206	未列明的其他服务		

（续 表）

代 码			名 称		说 明
					指其他未另列明的服务支出，包括：
				—	法律服务和咨询支出；职业介绍和婚介支出；殡仪和丧葬服务支出；房地产经纪代理支出；复印和印刷支出；办理出生证、结婚证等证件服务支出；私人侦探、私人保镖服务支出等。

参考文献

[1] Aaron Adalja, James Hanson,Charles Towe. An Examination of Consumer Willingness to Pay for Local Products[R].WashingtonD.C.：2013 AAEA & CAES Joint Annual Meeting,2013.

[2] Abhijit v.Banerjee,Esther Duflo.Poor Economics[M].New York:Public Affairs,2011.

[3] Andres Silva, Senarath Dharmasena. Modeling Seasonal Unit Roots as a Simple Empirical Method to Handle Autocorrelation in Demand Systems: Evidence from UK Expenditure DataAgricultural Economies[R].WashingtonD.C.：2013 AAEA & CAES Joint Annual Meeting, 2013.

[4] Carola Grebitus. How much of the error term is explained by psychometric variables[R].WashingtonD.C.：2013 AAEA & CAES Joint Annual Meeting,2013.

[5] David Magaña-Lemus,Ariun Ishdorj,C. Parr Rosson.Food Demand, Food Prices and Welfare Analysis utilizing EASI model[R].WashingtonD.C.：2013 AAEA & CAES Joint Annual Meeting, 2013.

[6] Deaton,A.S.The analysis of household surveys[M].The Johns Hopkins University Press, 1997.

[7] Deepananda Herath. Evolving Consumer Acceptance of Biotechnology Applications in Canada:Evidence from the Public Opinion Surveys in 2001 (fifth wave) and 2011 (seventh wave)[R].WashingtonD.C.：2013 AAEA & CAES Join Annual Meetings, 2013.

[8] Duesenberry,J.S.,Income. Saving and The Theory of Consumer Behavior[R]. WashingtonD.C.：Harvard University Press,1949.

[9] Friedman,Milton,Theory of the Consumption Function[M].NewJersey：Princeton University Press,2008.

[10] Hall,Robert E..Stochastic Implications of the Life Cycle-Permanent Income Hypothesis:Theory and Evidence[J].The Journal of Political Economy,1978,86（6）.

[11] Hongqing Chang,Xiaoyuan Dong,Fiona Macphail. Labor Migration and Time Use Patterns of the Left-behind Children and Elderly in Rural China,[J].World Development,2011 (12).

[12] Hong Xue, Denise Mainville, Wen You.Food Quality and Preference[J].Food Quality and Preference 2010 (21) .

[13] Hung-Hao Chang .Impact of off-farm labor supply on food expenditures of the farm household[J]. Food Policy, 2008 （33）.

[14] Hyeyoung Kim,Lisa House.Comparing Perceptions of Biotechnology in Fresh versus Processed Foods: A Cross-Cultural Study,[R].WashingtonD.C.： 2013 AAEA & CAES Joint Annual Meeting, 2013.

[15] Hyunjeong Joo, Ashok K. Mishra. Labor Supply and Food Consumption Behavior of Farm Households: Evidence from South Korea. 2013 AAEA & CAES Joint Annual Meeting, 2013.

[16] Jean-Paul Chavas. On Demand Analysis and Dynamics: A Benefit Function Approach, Research Policy. 2013 AAEA & CAES Joint Annual Meeting, 2013.

[17] Jianhong E. Mu,Bruce A McCarl,David Bessler.Impacts of BSE and Avian Influenza on U.S. MeatDemand, 2013 AAEA & CAES Joint Annual Meeting,2013.

[18] John Knight, Deng Quheng, LI Shi.The puzzle of migrant labour shortage and rural labour surplus in China[J]. China Economic Review, 2011（22）.

[19] Kevin Honglin Zhang, Shunfeng Song. Rural-urban migration and urbanization in China:Evidence from time-series and cross-section analyses.[J].China Economic Review, 2003（14）.

[20] Leland, H.E.Savings and uncertainty: the precautionary demand for savings[J]. Quarterly Journal of Economics,1968（82）.

[21] Lilian Carrillo-Rodriguez,Karina Gallardo,Tfrec.Consumer preferences for apple quality traits,2013 AAEA & CAES Joint Annual Meeting, 2013.

[22] Lina Song,Simon Appleton,John Knight. Why Do Girls in Rural China Have Lower School Enrollment[J]. World Development, 2006（34）.

[23] Lu Huang, Yizao Liu.The Effect of Consumer Learning Behavior on the Rising Bottled Water Consumption[R].Washington,D.C.： 2013 AAEA & CAES Joint Annual Meeting, 2013.

[24] Marzieh Motallebi, Dustin L. Pendell.Estimating an Almost Ideal Demand System Model for Meats in Iran[R].Washington,D.C.: 2013 AAEA&CAES Joint Annual Meeting, 2013.

[25] Megumi Muto. The Impacts of Mobile Phones and Personal Networks on Rural-to-Urban Migration:Evidence from Uganda[J].Journal of African Economies, 2012(21).

[26] Mehmet Bozoglu,Abdulbaki Bilgic,Steven T. Yen.Household food expenditures at home and away from home in Turkey[R].Washington,D.C.: 2013 AAEA & CAES Joint Annual Meeting,2013.

[27] Miriam Ju ά rez Torres.The Impact of Food Price Shocks on the Consumption and Nutritional Patterns of Mexican Households,[R].Washington,D.C.: 2013 AAEA & CAES Joint Annual Meeting, 2013.

[28] Miyoung Oh,Helen H. Jensen.Dynamic food demand and habit forming behaviors: Bayesian approach to a Dynamic Tobit panel data model with unobserved heterogeneity.2013 AAEA & CAES Joint Annual Meeting, 2013.

[29] Nina Langen,Jeanette Klink,Monika Hartmann. Individualized or non-individualized IDM: What elicits consumer preferences best. 2013 AAEA & CAES Joint Annual Meeting, 2013.

[30] Ole Boysen.High Food Prices and their Implications for Poverty in Uganda From Demand System Estimation to Simulation[R].Washington,D.C.: .2013 AAEA & CAES Joint Annual Meeting, 2013.

[31] Philip H. Brown,Erwin Bulte,Xiaobo Zhang .Positional spending and status seeking in rural China[J]. Journal of Development Economics, 2011（96）.

[32] Pilar Jano.Quality Incentives in Informal Markets: The Case of Ecuadorian Cocoa[R].Washington,D.C.: 2013 AAEA & CAES Joint Annual Meeting, 2013.

[33] Rebecca Illichmann,Awudu Abdulai. Analysis of Consumer Preferences and Willingness-to-Pay for Organic Food Products in Germany[R].Washington,D.C.: 2013 AAEA & CAES Joint Annual Meeting, 2013.

[34] Ruizhi Xie,Titus O. Awokuse. The Role of Health Status on Income in China[R]. Washington,D.C.: 2013 AAEA & CAES Joint Annual Meeting, 2013.

[35] Sahinli MA,Fidan H.Estimation of food demand in Turkey: method of an almost ideal demand system[J]. Quality& Quantity,2012（46）.

[36] Wendy R. Karamba,Esteban J. Quiñones,Paul Winters.Migration and food consumption patterns in Ghana. Food Policy,2011（36）.

[37] William Hahn,Fawzi Taha.Estimating Piglog Demands Using Representative versus Average Expenditure[R].Washington,D.C.：2013 AAEA Summer Meetings, 2013.

[38] Yizao Liu,Rigoberto A. Lopez.The Impact of Social Media on Consumer Demand: The Case of Carbonated[R].Washington,D.C.：2013 AAEA & CAES Joint Annual Meeting, 2013.

[39] Zeldes, S.P.Consumption and liquidity constraints:an empirical investigation[J]. Journal of Political Economy,1989（97）.

[40] 安格斯·迪顿，约翰·米尔鲍尔 . 经济学与消费者行为 [M]. 北京：中国人民大学出版社，2005.

[41] 安格斯·迪顿 . 理解消费 [M]. 上海：上海财经大学出版社，2003.

[42] 卜森 . 农村"留守人口"消费问题研究 [J]. 农村经济，2012（7）.

[43] 陈冲 . 人口结构变动与农村居民消费 [J]. 农业技术经济，2011（4）.

[44] 陈池波，张攀峰 . 新型社会保障、收入类型与农村居民消费 [J]. 经济管理，2012（2）.

[45] 陈东，刘金东 . 农村信贷对农村居民消费的影响 [J]. 金融研究，2013（6）.

[46] 陈娟 . 我国城乡居民消费行为的动态比较：基于可变参数模型的实证分析 [J]. 浙江工商大学学报，2008（6）.

[47] 陈亮 . 消费者非理性行为与凯恩斯消费函数 [J]. 中国经济问题，2012（2）.

[48] 陈燕武，夏天 . 中国农村居民文教娱乐消费区域性差异分析 [J]. 经济问题探索，2006（9）.

[49] 董长瑞，梁纪尧 . 我国农民持久收入与消费的协整分析 [J]. 中国农村观察，2006（2）.

[50] 戴维·罗默 . 高级宏观经济学：第 3 版 [M]. 上海：上海财经大学出版社，2009.

[51] 段小红，张艳荣 . 甘肃省农村居民消费结构变动趋势分析 [J]. 开发研究，2009（1）.

[52] 段小红 . 中国农村居民消费结构的变动趋势及其国际比较 [J]. 世界农业，2010（8）.

[53] 邓晓兰，鄢哲明，杨志明 . 农村土地影响农民消费的实证研究 [J]. 中南财经

政法大学学报，2013（5）.

[54] 杜亚芳 . 陕西城乡居民消费结构比较 [J]. 商业时代，2006（23）.

[55] 冯锋，杜宇能，高牟 . 现阶段我国农村消费补贴政策效率及效益研究 [J]. 农业经济问题，2011（6）.

[56] 方松海，王为农 . 增加农民收入与扩大农村消费 [M]. 北京：经济科学出版社，2012.

[57] 冯文全，汪小凤，王涛 . 四川省城镇居民消费结构的实证分析 [J]. 西南科技大学学报（哲学社会科学版），2013,24（2）.

[58] 樊潇彦，袁志刚，万广华 . 收入风险对居民耐用品消费的影响 [J]. 经济研究，2007（4）.

[59] 弗兰科 · 莫迪利亚尼 . 莫迪利亚尼文萃 [M]. 北京：首都经济贸易大学出版社，2001.

[60] 郭爱君，武国荣 . 基于 AIDS 模型的我国农村居民消费结构的动态分析 [J]. 人口与经济，2008（2）.

[61] 郭宝贵，刘兆征 . 建立扩大农村消费需求的长效机制 [J]. 宏观经济管理，2011（11）.

[62] 郭晗，任保平 . 基于 AIDS 模型的中国城乡消费偏好差异分析 [J]. 中国经济问题，2012（5）.

[63] 高铁生，郭冬乐 . 扩大农村消费问题研究 [M]. 北京：中国社会出版社，2008.

[64] 高铁梅 . 计量经济分析方法与建模 [M]. 北京：清华大学出版社，2009.

[65] 高月梅，叶新平，黎翔 . 农村消费启动与中国经济增长关系的统计检验 [J]. 统计与决策，2012（5）.

[66] 甘小文，黄小勇，胡宾 . 城镇化对农民消费结构影响的实证研究 [J]. 企业经济，2011（6）.

[67] 古扎拉蒂，波特 . 经济计量学精要：第 4 版 [M]. 北京：机械工业出版社，2010.

[68] 郝爱民，王章留 . 论我国农村消费升级的趋势与流通业发展方式转变及扩大农村消费的对策 [J]. 农业现代化研究，2011（2）.

[69] 胡德宝，柳思维 . 中国城乡居民消费差距的实证研究 [J]. 开发研究，2008（3）.

[70] 胡东兰，田侃，夏杰长 . 中国财政支农支出对农村居民消费影响 [J]. 财政研究，

2013（1）.

[71] 胡帮勇，张兵．农村金融发展对农民消费影响的动态研究 [J]. 西北农林科技大学学报（社会科学版），2013,13（1）.

[72] 韩长赋．正确认识和解决当今中国农民问题 [J]. 求是，2014（2）.

[73] 韩丽娜，金晓彤．农村居民消费结构的事实分析与路径选择 [J]. 长白学刊，2010（4）.

[74] 黄梅，黄文辉．云南省城乡居民消费差异的 Panel Data 模型 [J]. 云南民族大学学报（哲学社会科学版），2006,23（6）.

[75] 黄文胜．基于ELES 模型的新疆农村居民消费结构分析 [J]. 林业经济，2011(8).

[76] 胡鹏，陈绍刚．四川省农村居民收入与消费的协整研究 [J]. 成都信息工程学院学报，2009（2）.

[77] 杰里，瑞尼．高级微观经济理论：第 2 版 [M]. 上海：上海财经大学出版社，2002.

[78] 孔祥利，马丽霞．基于面板数据的陕西省农村居民消费结构分析 [J]. 统计与信息论坛，2010,26（10）.

[79] 贾天理．基于消费相关分析的农村信息资源配置研究 [J]. 农村经济，2012(7).

[80] 贾琼，李丽莉．农村消费品流通模式与金融支持政策研究——以甘肃省为例 [J]. 农村金融研究，2013（3）.

[81] 靳燕凌，王进．农村居民消费结构地区差异实证研究 [J]. 特区经济，2013(3).

[82] 李宝库．中国农村居民消费模式及消费行为特征研究 [J]. 管理世界，2005(4).

[83] 李程．我国二元经济条件下货币政策对消费需求的影响机制研究 [J]. 中央财经大学学报，2014（1）.

[84] 李承政，杨泰杰．农村居民边际消费倾向与其影响因素关系的实证分析 [J]. 统计与决策，2011（21）.

[85] 李金昌，窦雪霞．经济转型时期我国农村居民消费与收入关系变迁实证分析 [J]. 中国农村经济，2007（7）.

[86] 李润亮．我国农村耐用品消费品消费研究 [D]. 北京：中国农业大学博士论文，2008.

[87] 李翔，朱玉春．受教育程度对农村居民消费结构影响研究 [J]. 统计与决策，2013（12）.

[88] 李锐，项海容．不同类型的收入对农村居民消费的影响 [J]. 中国农村经济，

2004（6）.

[89] 李颖 . 我国消费率的变化特征及启示 [J]. 宏观经济管理，2011（4）.

[90] 李志刚 . 农村流通业发展对农村居民消费的影响机理及实证分析 [J]. 农村经济，2013（2）.

[91] 李宗莲，魏永红，陈秉谱 . 甘肃省农村居民生活消费需求变动分析 [J]. 北京航空航天大学学报 (社会科学版)，2011（24）.

[92] 梁达 . 有效释放农民购买力助推消费可持续增长 [J]. 宏观经济管理，2013（8）.

[93] 廖天虎 . 论我国农村食品安全的控制体系 [J]. 农村经济，2013（3）.

[94] 刘根荣 . 转型时期城乡流通一体化问题研究 [J]. 中国经济问题，2011（3）.

[95] 刘灵芝，陈正飞 . 收入差异对中国农村居民消费结构的影响 [J]. 统计与决策，2012（1）.

[96] 刘夏，景梦 . 重庆市城镇居民收入变动对消费支出结构影响的实证分析 [J]. 统计与决策，2011（10）.

[97] 刘晓红 . 基于 ELES 模型的我国农村居民消费需求价格弹性分析 [J]. 价格月刊，2012（9）.

[98] 刘晓红 . 我国农村居民文教娱乐用品及服务消费需求实证分析 [J]. 兰州学刊，2010（12）.

[99] 刘晓红 . 中国农村不同收入水平消费需求实证分析 [J]. 经济与管理，2011,25（8）.

[100] 刘毅，郎玉屏，郑洲 . 城乡一体化对居民贫富差距影响的实证分析 [J]. 财经科学，2013（8）.

[101] 刘兆征 . 农村消费 : 扩大消费需求的最大难点 [J]. 理论视野，2011（8）.

[102] 卢方元，鲁敏 . 中国农村居民消费结构的 Panel Data 模型分析 [J]. 数理统计与管理，2009,28（1）.

[103] 马晓河，刘振中 . “十二五”时期农业农村基础设施建设战略研究 [J]. 农业经济问题，2011（7）.

[104] 马晓河等 . 经济转型与经济可持续发展 [M]. 北京：中国计划出版社，2014.

[105] 马晓河 . 高成本时代农业的路该怎么走 [J]. 求是，2014（11）.

[106] 马晓河 . 帮助穷人，走出贫困 [J]. 西部论丛，2005（9）.

[107] 马晓河 . 对低收入者和高收入者之间的收入不平等程度分析 [J]. 管理世界，2003（9）.

[108] 孟扬，梁芷铭 . 西部地区农村居民消费结构变动的实证研究 [J]. 农业考古，2013（6）.

[109] 牛凯，向平 . 我国农村居民消费行为的实证研究 [J]. 中国农业大学学报，2012（4）.

[110] 彭海艳 . 影响中国农村居民消费结构的多因素实证分析 [J]. 财贸研究，2009（1）.

[111] 潘文轩 . 我国城乡居民消费行为的差异性及其政策含义 [J]. 统计研究，2010,27（8）.

[112] 齐飞 . 扩大农村居民消费的途径 [J]. 长春金融高等专科学校学报，2013（2）.

[113] 曲延春 . 农村公共产品供给中的政府责任担当：基于扩大内需视角 [J]. 农业经济问题，2012（3）.

[114] 孙春燕 . 农村基础设施投资对农村居民消费影响的定量研究 [J]. 武汉理工大学学报（社会科学版），2013,26（2）.

[115] 孙虹乔，朱琛 . 中国城镇化与农村消费增长的实证分析 [J]. 统计与决策，2012（5）.

[116] 苏良军，何一峰，金赛男 . 中国城乡居民消费与收入关系的面板数据协整研究 [J]. 世界经济，2006（5）.

[117] 沈毅，穆怀中 . 新型农村社会养老保险对农村居民消费的乘数效应研究 [J]. 经济学家，2013（4）.

[118] 邰秀军 . 中国农村消费市场和农户消费行为的现状分析 [M]. 北京：经济科学出版社，2012.

[119] 滕永乐，孙雪萍 . 中国农村居民消费结构分析 [J]. 江西财经大学学报，2013(3).

[120] 托马斯 · 皮凯蒂 .21 世纪资本论 [M]. 北京：中信出版社，2014.

[121] 吴迪，霍学喜 . 城乡居民消费差距和收入差距互动关系的实证研究：来自 VEC 模型的验证 [J]. 农业技术经济，2010（8）.

[122] 武赫，张嘉昕 . 试论扩大民间消费与经济的发展 [J]. 经济问题，2012（9）.

[123] 王炳 . 我国农村消费需求难以启动的深层原因及改善路径 [J]. 消费经济，2012,28（1）.

[124] 王宏伟 . 中国农村居民消费的基本趋势及制约农民消费行为的基本因素分析 [J]. 管理世界，2000（4）.

[125] 王静 . 浅析收入差距产生的不确定性及其对农民消费行为的影响 [J]. 经济问

题，2011（12）.

[126] 王健华 . 扩大内需应致力于提高居民发展享受型消费需求 [C]. 北京：北京市第十四次统计科学讨论会获奖论文集 .

[127] 王健宇, 徐会奇 . 收入性质对农民消费的影响分析 [J]. 中国农村经济, 2010(4).

[128] 王君萍，等 . 新农村建设投资对扩大西北地区农村消费需求贡献的研究 [M]. 北京：中国社会科学出版社，2013.

[129] 王启云，田伟 . 我国农村居民消费升级缓慢的突出表现与对策研究 [J]. 中国流通经济，2011（3）.

[130] 王文娟, 李京文 . 家电下乡政策实施中的问题及其完善 [J]. 经济管理, 2011(6).

[131] 王向楠 . 我国农村基础设施建设的消费效应研究 [J]. 西安财经学院学报，2013,26（2）.

[132] 王蕴，黄卫挺 . 当前消费形势与提高居民消费的对策建议 [J]. 宏观经济管理，2013（7）.

[133] 王裕雄 . 扩大中国农村居民消费研究 [D]. 北京：中国农业大学博士论文，2008.

[134] 温涛, 孟兆亮 . 我国农村居民消费结构演化研究 [J]. 农业技术经济, 2012(7).

[135] 汪伟，艾春荣，曹晖 . 税费改革对农村居民消费的影响研究 [J]. 管理世界，2013（1）.

[136] 汪旭晖, 顾晶 . 我国农村居民消费与收入关系的实证研究 [J]. 北京工商大学学报，2009,24（1）.

[137] 魏建, 杨志明, 张广辉 . 财政支农支出对农村居民消费结构的影响：基于中国省际面板数据的分析 [J]. 农业技术经济，2011（11）.

[138] 许健榕，黄淑芬 . 我国的农村居民消费与收入协整分析 [J]. 热带农业科学，2010（6）.

[139] 许兆春 . 劳动力“撇脂式流动”对农村消费影响 [J]. 金融理论与实践, 2012(1).

[140] 肖立 . 基于 Panel Data 模型的农村居民消费结构及变动趋势分析 [J]. 宏观经济研究，2012（9）.

[141] 肖立 . 我国农村居民消费结构与收入关系研究 [J]. 农业技术经济，2012（11）.

[142] 谢子远，王合军，杨义群 . 农村居民消费倾向的变参数估计及其演化机理分析 [J]. 数量经济技术经济研究，2007（5）.

[143] 岳爱，杨矗，常芳等 . 新型农村社会养老保险对家庭日常费用支出的影响 [J].

管理世界，2013（8）.

[144] 易丹辉. 数据分析与 Eviews 应用 [M]. 北京：中国人民大学出版社，2008.

[145] 易行健，吴庆源，杨碧云. 中国城市化对农村居民平均消费倾向影响的收入效应与示范效应：2000 年～2009 年 [J]. 经济经纬，2013（5）.

[146] 约翰・梅娜德・凯恩斯. 就业、利息和货币通论 [M]. 北京：商务印书馆，1999.

[147] 杨海丽. 农村流通网络建设的消费效应研究 [J]. 统计与决策，2013（11）.

[148] 杨丽，陈超. 政府公共品供给对农村居民消费结构的影响 [J]. 南京农业大学学报（社会科学版），2013,13（6）.

[149] 杨艳，刘慧婷，徐懿佳. 转变农村消费模式与实现生态消费 [J]. 农村经济，2011（1）.

[150] 余吉祥，沈坤荣. 中国农村居民工资性收入的地区差距：影响因素及路径 [J]. 世界经济，2010（1）.

[151] 仪明金，郜秀军. 农村消费市场的潜力研究 [J]. 经济问题探索，2012（4）.

[152] 尹世杰. 消费经济学 [M]. 北京：高等教育出版社，2007.

[153] 尹世杰. 社会主义消费经济学 [M]. 上海：上海人民出版社，1983.

[154] 朱建芳，沈吉英. 扩大农村消费需求——基于边际消费倾向的分析 [J]. 当代经济，2009（2）.

[155] 朱信凯. 中国农户消费函数研究 [M]. 北京：中国农业出版社，2003.

[156] 赵满华，赵德爱. 不同区域居民收入与文教娱乐支出问题研究 [J]. 生产力研究，2004（2）.

[157] 赵桂婷，李国章. 农村居民消费结构变动的时序分析 [J]. 经济问题，2011（7）.

[158] 臧旭恒. 中国消费函数分析 [M]. 上海：上海三联书店，上海人民出版社，1994.

[159] 张畅. 农村消费需求及其动力研究 [J]. 农村金融研究，2011（7）.

[160] 张车伟，王德文. 农民收入问题性质的根本转变 [J]. 中国农村观察，2004（1）.

[161] 张秋惠，刘金星. 中国农村居民收入结构对其消费支出行为的影响 [J]. 中国农村经济，2010（4）.

[162] 张启阳. 农村居民消费的微观特征及政策扶持 [J]. 中国金融，2010（10）.

[163] 张书云. 中国农村消费水平与消费结构研究 [M]. 北京：经济科学出版社，2010.

[164] 张晓慧，梁海兵 . 基于农村居民消费结构的农村公共品供给实证分析 [J]. 农业技术经济，2010（9）.

[165] 张亚军 .1990 年代以来我国西部农村居民消费结构变动趋势 [J]. 农技服务，2013，30（3）.

[166] 宗成华 . 农村居民文教娱乐消费时间及影响因素分析 [J]. 农村经济，2014（6）:104–108.

[167] 宗成华，王艳青 . 西部农村居民消费现状及提升对策 [J]. 宏观经济管理，2014（7）:62–64.

[168] 宗成华，宋万杰，马世猛 . 中国低收入地区居民消费特征研究——基于 ELES 模型实证分析 [J]. 经济问题，2016（7）:85–90.

索　引

K

M

N

P

R

S

W

X